死後事務委任契約実務マニュアル

―Q&Aとケース・スタディ―

編集　東京弁護士会 法友会

新日本法規

は　し　が　き

① 企画の趣旨

　近年、子どもや近い親族がいない方から、ご自身が亡くなった後の葬儀や納骨、自宅の片づけ、ライフラインや携帯電話の解約といった死後に生じる諸事務手続（死後事務）を誰に頼めばよいのか、という相談が増えています。また、子どもや親族がいても、病気や海外に住んでいる、あるいは、そもそも疎遠であるという場合や、これらの者に迷惑をかけたくないと考えている場合にも、同様の悩みが生じます。

　死後の財産の処分については遺言によって対応ができますが、遺言では死後事務をフォローすることは困難です。また、生前に成年後見が開始されていれば、成年後見人が、法律に基づいて一定の範囲の死後事務を執り行う余地がありますが、成年後見人がいない場合は、死後事務を執り行ってくれる人を決めておかないといけません。

　そこで、自分の生前のうちに、信頼できる第三者（受任者）との間で、自分が亡くなった後の諸事務手続を委任しておきたいというニーズをかなえる契約として「死後事務委任契約」への注目が高まっています。

　しかしながら、死後事務委任契約は、近時出てきた新しいタイプの契約であり事例の蓄積があまりない上、一般の契約とは異なる配慮を要すること（契約履行時には委任者が死亡していること、相続人や親族との関係を考慮すべき場面があること、遺言等の隣接する法制度を考慮する必要があることなど）から、本書は、今後増加すると想像される死後事務委任契約の相談を受ける弁護士その他の専門家が、この新しい契約に対応するための知識や、判断の視点や注意点を解説する書籍を発行することで、関係者の皆様の利便に供しようとするものです。

② 本書の構成

　第1章は、死後事務委任契約の総論を「Ｑ＆Ａ」の形式で26問を掲載し、第2章にモデル契約書を掲載しました。第3章は、「ケース・スタディ」として現実の相談として出てきそうな24ケースを想定し、当該ケースに対する対応と、死後事務委任契約に盛り込む場合の条項例を掲載しました。

③ 本書の執筆者・編集委員

　本書は、東京弁護士会の中の政策集団である「法友会」（弁護士会員数約2,800名の任意団体です。）の令和2年度執行部に参加した有志弁護士が執筆者、編集委員となっています。

④ 結びに代えて

　死後事務委任契約を締結したいという市民の皆様のニーズは高まっているのに対し、これに対応できる専門家、とりわけ弁護士は、まだそこまで多くはないと思われることから、本書が、専門家の皆様の一助となること、ひいては市民の皆様のための法的サービスの充実につながることを願って、編集・執筆することにいたしました。

　非常にタイトな日程の中でご尽力いただきました、執筆者、編集委員及び出版社の関係者各位には、心からお礼を申し上げます。

　令和3年3月

　　　　　東京弁護士会

　　　　　　令和2年度　法友会幹事長　松田純一

編集委員・執筆者一覧

編　集　　東京弁護士会　法友会

≪編集委員≫（修習期順）

大畑　敦子
廣畑　牧人
鍬竹　昌利
山崎　岳人

≪執　筆　者≫（修習期順・五十音順）

生田　康介
中村　規代実
楠部　亮太
安岡　喜代里
小西　麻美
高橋　辰三
池田　大介
石井　城正
上原　誠
上林　典子
小沼　千夏
久保　俊之
佐藤　舞
藤原　奈美

略　語　表

＜法令の表記＞

根拠となる法令の略記例及び略語は次のとおりです。

民法第648条第3項第2号＝民648③二

民	民法	任意後見	任意後見契約に関する法律
献体法	医学及び歯学の教育のための献体に関する法律	不正アクセス	不正アクセス行為の禁止等に関する法律
国年	国民年金法	墓地	墓地、埋葬等に関する法律
戸籍	戸籍法		
臓器移植	臓器の移植に関する法律		
臓器移植則	臓器の移植に関する法律施行規則		

＜判例の表記＞

根拠となる判例の略記例及び出典の略称は次のとおりです。

最高裁判所平成29年4月6日判決、判例時報2337号34頁
＝最判平29・4・6判時2337・34

判時	判例時報	刑録	大審院刑事判決録
判タ	判例タイムズ	東高民時報	東京高等裁判所判決時報（民事）
家月	家庭裁判月報	民集	最高裁判所民事判例集
金法	金融法務事情		

目　次

第1章　Q&A

第1　死後の事務と委任契約の概要

第2　他の制度との関連

第3　死後事務委任契約の締結

第4　契約の履行

第2章　モデル契約書

第3章　ケース・スタディ

索 引

第 1 章

Q & A

2

第1　死後の事務と委任契約の概要

Q1　死後事務委任契約とは

 死後事務委任契約とは、どのような契約ですか。

A 　死後事務委任契約とは、委任者が受任者に自己の死後の事務を生前に依頼する契約です。ただ、中心的な委任事務の執行が委任者の死亡後になされるため、契約の成立・執行・終了の各場面で特別の配慮が必要とされます。

> 解　説

1　死後事務委任契約の意義

　死後事務委任契約とは、委任者が受任者に自己の死後の事務を生前に依頼する契約です。

　自己の親族と疎遠である人やそのような方がいない人は、自分が亡くなった後のことに不安を覚えることがあります。こうした不安を払拭するための方策として締結されるのが死後事務委任契約です。委任事務は法律行為ではない事務ですので、正確には準委任になります（民656）。委任者が亡くなると中心的な委任事務の執行が開始されますので、以下、委任者の生前と死後に場合分けをして解説します。

2　委任者の生前

(1)　契約の成立

死後事務委任契約は遺言のような要式行為ではありません。委任者

と受任者の合意により成立します。

　もっとも、中心的な委任事務は委任者の死後に執行されますので、生前意思の痕跡を残すため、必ず書面によるべきです。実務的には、①実印による押印をした上で印鑑証明書を添付する方法や、②公正証書による方法、③遺言公正証書の中に死後事務委任を挿入する方法などが考えられます。

　(2)　委任事務の内容

　死後の事務は、委任者が亡くなった後の葬儀・火葬・埋葬、埋葬後の墓の管理・永代供養、住居の明渡し、親族等関係者への連絡、医療費・施設利用料の精算、ペットの処遇、SNSアカウントの閉鎖などが想定されます。

　遺言事項は委任事務とすることはできません。要式性を満たさない遺言は無効だからです。ただ、過去の裁判例では、相続財産からの家政婦に対する謝礼金の支払を死後事務として認めたものがあります（最判平4・9・22金法1358・55の差戻審高松高判平5・6・8公刊物未登載）。

　また、「成年後見の事務の円滑化を図るための民法及び家事事件手続法の一部を改正する法律」（平成28年法律第27号、同年10月13日に施行）により、成年後見人は、成年被後見人が亡くなった後も、特定の相続財産の保存行為や弁済期の到来した相続債務の弁済を単独で* することができますし（民873の2一・二）、家庭裁判所の許可があれば成年被後見人の死体の火葬又は埋葬に関する契約の締結などができます（民873の2三）。

　死後事務と遺言事項の線引きは、裁判例や成年後見人の死後事務を参考に今後の実務の積み重ねによることになるでしょう。

　(3)　委任事務の処理期間

　委任事務の処理期間については、死後2年半ほど経過後の行為を委任事務の執行だと認めた裁判例があります（東京高判平11・12・21判タ

1037・175)。ただ、長期に及ぶ事務は、相続人や祭祀承継者によることもできますので、やむを得ない場合を除き委任事務にすべきではないとの見解が示されています（松川正毅編『新・成年後見における死後の事務－円滑化法施行後の実務の対応と課題』274頁（日本加除出版、2019))。

　したがって、委任事務の処理期間は原則として長期に及ぶことがないように配慮すべきです。

　(4)　委任事務の執行費用

　委任事務の執行費用は委任者、その相続人又は相続人がいない場合には相続財産法人（以下「相続人等」といいます。）が負担します（民649・650)。

　実務的には執行費用は委任者から生前に預かるのがよいでしょう。生前に預からない場合には、受任者が執行費用を支出した後に相続人等に精算を求めることになるからです（民650)。

　特約がなくとも前払費用として委任者から預かることは可能です（民649)が、後日の紛争予防のため契約に定めるべきです。

　(5)　受任者の報酬

　受任者の報酬は特約がなければ生じません（民648①）ので、受任者が報酬の支払を希望するのなら特約で定める必要があります。支払時期は、原則として委任事務の履行後です（民648②）。委任が履行の中途で終了したときであっても、履行の割合に応じて報酬を請求することができます（民648③二)。

　委任者からの預り金が執行費用を下回った場合には預り金の返還債権と相殺する（民505)ことで回収できますが、実務的には報酬特約とともに精算合意を締結した方がよいでしょう。

　(6)　生前の受任者の義務

　中心的な委任事務の執行は委任者の死亡後になされますが、受任者は、委任者に対し、契約締結時から善管注意義務を負います（民644)。

委任者から預り金の保管状況や委任事務の準備状況の報告を求められたときにはこれを報告しなければなりません（民645）。特約がなければ、受取物や収受した果実は委任者に引き渡さないといけません（民646①）し、これらを自己のために消費したら利息支払義務を負います（民647）。

3　委任者の死後

(1)　死後事務の執行開始

委任者が亡くなると、受任者は死後の事務を執行します。委任者の死亡は委任の終了事由（民653一）ですが、反対の特約は許されます。判例も委任者の死亡によって当然には終了することのない委任契約が存在することを認めています（最判平4・9・22金法1358・55、東京高判平11・12・21判タ1037・175）。

(2)　相続人等との関係

執行段階では、委任者の地位は亡くなった委任者の相続人等に引き継がれます（民896）。委任はいつでも解除できます（民651①）が、特約により制限できます。

特約がない場合に相続人等が解除できるかどうかは解釈に争いがあります。相続人による解除が問題となった裁判例では、黙示の解除制限特約が認定されています（東京高判平11・12・21判タ1037・175）。委任事務の確実な履行のため、委任者による解除権を制限する条項を契約で定めるべきです。

(3)　執行完了後の報告・返還

執行が完了しましたら、受任者は相続人等に遅滞なくその経過及び結果を報告しなければなりません（民645）。預り金の残金は相続人等に返還します。

Q2　死後事務委任契約が必要とされる背景は

 死後事務委任契約が必要とされる背景にはどのような
ものがありますか。

A 少子高齢化、核家族化、価値観の多様化等によって、
頼るべき家族がいない、あるいは、家族がいても諸事情
で頼ることができないため、死後の事務を第三者に委任する必要
のある人が増えています。また、死後に自己の遺志を反映させた
いとの考えから、死後の事務を第三者に委任したいと考える人も
増えています。

解　説

1　社会状況の変化

（1）　人が亡くなると、様々な事務処理が発生します。例えば、葬儀
や埋葬の手配、病院や施設の費用の支払、知人等への連絡、住居や施
設の明渡し、遺品の処分、ライフラインや通信に関する契約の解約手
続などは、いずれも死後の事務手続です。

これらの事務手続は、遺言や遺産分割手続で解決されるものではな
く、通常は、亡くなった方の相続人や親族が行っていることが多いと
思います。

（2）　しかしながら、近年では、未婚や子どもがいないため、自分の
死後に上記のような各種死後事務を行ってくれる家族等が存在しない
という方が増加しています。

国勢調査によると、平成12年に303万2,000世帯であった65歳以上の
単独世帯は、平成27年には592万8,000世帯となり、15年間で2倍近く増

加しています。また、65歳以上に限らずとも、単独世帯が全世帯に占
める割合は、平成27年の34.5％から、25年間で39.3％にも増加すると
推計されており（国立社会保障・人口問題研究所『日本の世帯数の将来推計（全
国推計）』(2018（平成30）年統計)）、今後も、単身の高齢者が増加する傾向
が続くと思われます。

　なお、この単身世帯の増加は、生涯未婚率（50歳時点で一度も結婚
したことのない人の割合）の上昇と合計特殊出生率（15歳〜49歳まで
の女性の年齢別出生率を合計したもの）の低下が影響していると思わ
れます。平成2年には男性5.57％、女性4.33％であった生涯未婚率は、
平成27年には、男性23.37％、女性14.06％に上昇しています（国立社会
保障・人口問題研究所「人口統計資料集（2020）」）。また、昭和40年に2.14で
あった合計特殊出生率は、おおむね低下傾向にあり、令和元年には
1.36に低下しています（厚生労働省「人口動態統計」）。このような背景に
は、結婚に対する価値観の多様化や、女性の社会進出などが影響して
いると考えられます。

　(3)　このように、自分の死後に、死後事務を行ってくれる家族等が
いない場合、とりわけ、一人で暮らしている場合には、自分の死後に、
その死後の事務を誰に行ってもらうのかという問題が生じます。そこ
で、このような問題に対処するために、第三者に対して、自分の死後
の事務を委任するニーズが高まっています。

2　遺志の反映

　(1)　家族等のある場合であっても、死後の事務が自分の生前の希
望どおりに行われるとは限りません。

　死後に自分の遺志を反映させる手段の一つとして遺言があります
が、遺言に定めることによって法的効果が生じる事項は限定されてい
ます（Q8参照）。そのため、遺言事項になじまない事項を付言事項と

して遺言に記載することはできますが、その内容に法的拘束力はなく、遺族がその内容を尊重して死後事務を行ってくれるかは分かりません。

　例えば、葬儀や埋葬は、自分の死後に生じるものであっても、自分自身のこととして希望どおりに行ってほしいと考えることは自然なことですし、また、故人の中には、生前の家族との関係などから、先祖代々の墓に入ることを望まない人もいるでしょう。しかしながら、自分の希望する葬儀や埋葬の方法（例えば散骨を希望するなど）が遺言に書かれていても、その方法を家族等が納得せず、故人の希望と異なる方法で執り行ってしまうこともあり得ます。

　(2)　また、本来であれば、死後事務の遂行が期待される配偶者、子ども又は親しい親族といった家族等がいる場合でも、病気や年齢のため、遠方に住んでいるため、あるいは、人間関係が芳しくないために、これらの者に死後の事務を頼むことができない、あるいは、これらの者の負担を考慮して敢えて死後の事務を頼まないということもあります。

　(3)　このように、死後事務委任契約は、家族等がいる場合であっても、死後にも自分の遺志を反映したい、あるいは、家族等に負担をかけたくないとの積極的な理由からも締結されることがあります。

Q3　死後事務委任契約の委任事務は（総論）

Q　死後事務委任契約では、委任事務として、どのようなことを定めることができますか。

A　死後事務委任契約では、公序良俗に反しない限り、遺言事項を除く死後の事務を広く定めることができます。ただし、遺言その他の制度と抵触がないように注意する必要があります。特に、遺産の整理やお世話になった人への謝礼の支払のような財産の処分に当たる行為については、死後事務委任契約で定めるには、注意が必要です。

解　説

1　死後事務委任契約の委任事務

　死後事務委任契約は、委任者と受任者との間で締結される契約なので、私的自治の原則により、原則として、死後の事務について広く委任事務を定めることが認められます。

　一般的に、委任事務は、葬儀・埋葬に関する事務、行政機関への届出等の手続、生活に関する手続（生前の生活環境の解消、契約の終了など）などですが、委任者の希望に即して柔軟に定めることができます。なお、具体的な委任事務の概要は、Q4を参照してください。

2　注意すべき委任事務

　(1)　死後事務委任契約も、公序良俗に反する内容を委任事務として定めることができないことは、他の一般の契約と同様です（民90）。

　(2)　また、死後事務委任契約は、成年後見制度（任意後見を含みま

す。）、財産管理契約、遺言といった他の制度と隣接する場面を定めているため、相互の内容が抵触することがあります（他の制度との関係は、Ｑ5～8を参照してください。）。

　特に、死後事務委任の内容に財産的処分を伴う事務が含まれている場合には、遺言との境界が曖昧となります。例えば、委任者が全財産を妻子に相続させる内容の遺言を書いているにもかかわらず、当該委任者が、死後事務委任契約の中で、自分の死後に自分の面倒を見てくれた家政婦に高額な謝礼を払うことを委任していた場合は、遺言と死後事務委任契約のいずれが優先するか、遺言の潜脱行為になるのではないか、といった問題が発生します。

　そのため、死後事務委任契約を締結する際には、他の制度、とりわけ遺言と抵触する内容とならないように留意する必要があります。

　(3)　なお、死後事務の範囲は、かなり広範になることがありますし、作業着手後に必要な事務が新たに判明することもあります。そのため、受任者が行うべき事務や作業内容を死後事務委任契約書の中で網羅することは困難であり、ある程度包括的な条項を設けざるを得ません。

　他方において、包括的な条項しかない場合は、受任者として、どこまでの事務を追行すれば履行が完了したといえるかが曖昧となり、受任者の負担が過大化、長期化するという不都合が生じます。

　そのため、委任事務の内容によっては、受任者の義務の範囲が明確になるように具体的に記載し（例えば、事務の履行に費用が掛かる場合の費用の上限や見積もりを取るべき件数、当該委任事務に対応する最大期間を設定する等）、受任者のなすべき事務の内容や、何をもって履行完了となるかが明確になるように記載することも必要でしょう。

Q4　死後事務委任契約の委任事務は（具体的な内容）

Q　死後事務委任契約で委任する死後事務には、具体的に
どのようなものがありますか。

A　死後事務には、大きく分けて、葬送に関する事務、行
政機関への届出等の手続、生活に関する手続があります。
　以下の解説にある各委任事務の具体的な説明は、該当箇所の設
問を参照してください。なお、解説に記載した以下の具体例は、
一般的に要望の多い死後事務の委任事項を列挙したものですが、
死後事務の委任事項としてなじまないものや履行ができない可
能性のあるものも含まれていますので、詳細は各設問等を参照し
てください。

解　説

1　葬送に関する事務

　死後事務として委任者が亡くなってすぐに生じるのが葬送に関する
事務です。葬送に関する事務には、以下のようなものがあります。
①　ご遺体の引取り
②　葬儀・火葬に関する手続
③　埋葬・散骨等に関する手続
④　供養に関する手続

2　行政機関への届出等の手続

　私たちは、生活する中で様々な行政サービスを受けていますが、死
亡とともに、それらのサービスを終了します。そのための行政機関へ

の届出等の手続は様々なものがありますが、主なものとして、以下の
ようなものがあります。

① 死亡届の提出

② 健康保険証の返還

③ 運転免許証やパスポートの返納

④ 年金の受給資格抹消申請

⑤ 住民税・固定資産税等の税金の納付

3　生活に関する手続

　生活に関する手続としては、生前利用していたサービスを終了させ
るための手続や未払料金の精算があります。また、近年多くの人が利
用しているSNSについては、アカウントの削除などが求められること
が多いです。

① 関係者への死亡の連絡

② 病院や介護施設の未払料金の精算

③ 賃貸不動産の契約解除・明渡し

④ 公共料金の精算・解約手続

⑤ インターネットの解約手続

⑥ SNS等のアカウント削除

⑦ パソコン・携帯電話の個人情報の抹消処理

⑧ 飼っているペットの引渡しや施設への入所手続

第2　他の制度との関連

Ｑ5　成年後見制度との関係は

Q　成年後見人は、死後事務を行うことはできるのでしょうか。

A　成年後見人が行うことができる死後事務は法定されているので、これに該当すればできますが、該当しない死後事務は行うことができないので注意が必要です。

解　説

1　成年後見制度とは

（1）　成年後見制度とは

　認知症や知的障害等の精神上の障害により判断能力が著しく低下した方の財産を保護するために、家庭裁判所が選任した成年後見人が、本人の財産保護や身上監護を行うことです。成年後見人が選任されると、成年後見人が本人の財産を管理し、本人の財産に関して法定代理権を有することとなります（民859）。

（2）　成年後見制度の問題点

　本人の死亡と同時に後見は終了し、本人の財産は相続人に包括承継され、成年後見人の法定代理権は失われます（民111①一）。このため、本来的には、本人生存中の後見事務で生じた債務も、その支払は相続人がなすべきこととなり、火葬や埋葬といった本人死亡後の契約も成年後見人は締結できないことになります。もっとも、生前の財産を管理していた成年後見人は、本人の死亡後も一定の死後事務を行うこと

を周囲から期待され、社会通念上これを拒むことが困難な場合がある
といわれていました。この点、成年後見終了後の事務については、従
前から応急処分義務（民874において準用する民654）等の規定が存在した
ものの、これにより成年後見人が行うことができる事務の範囲が必ず
しも明確でなかったため、実務上成年後見人が対応に苦慮する場合が
あるとの指摘がされていました。

2　成年後見人が行うことのできる死後事務

(1)　法改正について

上記問題点を解決するために、一定の範囲の死後事務については成
年後見人の権限に含まれることとなる法改正（「成年後見の事務の円
滑化を図るための民法及び家事事件手続法の一部を改正する法律」平
成28年法律第27号。平成28年10月13日施行）が行われ、民法873条の2
が設けられました。

(2)　民法873条の2の内容

法改正によって新たに規定された民法873条の2では、成年被後見人
の死亡後に、成年後見人が、財産の保存、債務の弁済、火葬・埋葬に
関する契約の締結その他相続財産の保存に必要な行為をする権限が与
えられました。

(3)　死後事務の要件

民法873条の2の柱書に規定された死後事務要件を整理すると、
① 死後事務の必要性
② 相続人の意思に反しないこと
③ 相続人が財産を管理することができるに至るまで
となっており、成年後見人が行う死後事務が例外的なものであること
が前提となっています。

なお、死後事務の規定は後見類型のみとなっており、保佐人や補助

人には認められていません。保佐人や補助人は包括的な管理権を有しておらず、死後事務を認めると生前よりも死後に強い権限を持つことになりかねないからです（盛山正仁「成年後見の事務の円滑化を図るための民法及び家事事件手続法の一部を改正する法律の概要」金法2045号35頁）。

(4)　特定の財産の保存に必要な行為（1号）

民法873条の2第1号に規定される「相続財産に属する特定の財産の保存に必要な行為」とは、相続財産に属する債権について時効の完成が間近に迫っている場合に行う時効の完成猶予のための措置や、相続財産に属する建物に雨漏りがある場合にこれを修繕する行為が該当すると考えられます（盛山・前掲35頁）。

(5)　債務の弁済（2号）

民法873条の2第2号に規定される「相続財産に属する債務（弁済期が到来しているものに限る。）の弁済」とは、本人の医療費、入院費、公共料金及び居室の賃貸料等の支払が該当すると考えられます（金法2045・35）。立法経緯において、「弁済が遅れると遅延損害金を課される等、相続財産を侵害するおそれがあることから、とくに家庭裁判所の許可を必要とすることなく債務を弁済することができるとして定めた」と理由が説明されています（盛山・前掲35頁）。

(6)　死体の火葬又は埋葬に関する契約の締結（3号）

民法873条の2第3号では、「その死体の火葬又は埋葬に関する契約の締結その他相続財産の保存に必要な行為（前2号に掲げる行為を除く。）」と規定されており、家庭裁判所の許可を得ることが必要となっています。前段の「その死体の火葬又は埋葬に関する契約の締結」とは、遺体の引取りや火葬・埋葬のための契約の締結が該当すると考えられます（盛山・前掲36頁）。裁判所の許可が必要とされている理由は、「相続人が遺体の引取りを拒んでいるような場合等において、成年後見人が火葬等の契約を締結する必要に迫られることがあるが、火葬は

いったん行うとやり直しがきかず、事後に相続人等との間で紛争が生じるおそれもある」と説明されています（盛山・前掲36頁）。また、火葬・埋葬は権限であって義務ではないとも説明されています。

　なお、納骨に関する契約を締結することは、「「死体の火葬又は埋葬に関する契約」に準ずるものとして、家庭裁判所がその必要性等を考慮した上で、その許否を判断することになるものと考えられます。」と説明されています（法務省HP「「成年後見の事務の円滑化を図るための民法及び家事事件手続法の一部を改正する法律」が平成28年10月13日に施行されました。」http://www.moj.go.jp/MINJI/minji07_00196.htmlＱ11参照（2021.1.22））。

　しかしながら、葬儀に関しては「その死体の火葬又は埋葬に関する契約」には含まれず、成年後見人が死後事務として行うことはできないと考えられます（盛山・前掲36頁）。これは、公衆衛生上不可欠ではないことや行わなくても相続財産が減少することはないことが理由とされ（盛山・前掲37頁）、「葬儀には宗派、規模等によって様々な形態があり、その施行方法や費用負担等をめぐって、事後に成年後見人と相続人の間でトラブルが生ずるおそれがあるため」と説明されています（上記法務省HP・Ｑ12参照）（ケース４参照）。

　(7)　相続財産の保存に必要な行為

　民法873条の2第3号後段の「その他相続財産の保存に必要な行為」とは、成年後見人が管理していた本人所有に係る動産の寄託契約の締結（トランクルームの利用契約等）、本人の居室に関する電気・ガス・水道等供給契約の解約、債務を弁済するための預貯金（成年被後見人名義口座）の払戻し等が該当すると考えられます（盛山・前掲37頁、上記法務省HP・Ｑ10参照）（ケース13参照）。

　これは、「相続財産全体の保存に必要な行為」を意味し、民法873条の2第1号に規定する行為ととらえることが難しく、相続財産全体として見たときに、その保存に必要な行為を意味すると説明されています（盛山・前掲37頁）。

(8)　まとめ

　以上のとおり、成年後見人が行うことのできる死後事務は法定されているため、要件に該当すれば行うことができますが、該当しない死後事務（例えば、葬儀、家庭裁判所の許可を得ていない火葬・埋葬や預貯金の払戻し）は行うことができないので注意が必要です。

Q6　任意後見制度との関係は

Q　任意後見人は、死後事務を行うことができるのでしょうか。

A　基本的に任意後見人は死後事務を行うことができないと考えられます。このため、任意後見人に死後事務を委ねるためには、死後事務委任契約を締結しておく必要があります。

解　説

1　任意後見制度とは

（1）　任意後見制度とは

任意後見制度は、自己決定の尊重という理念に基づいて創設された制度で、自己に判断能力があるうちに、将来、認知症や知的障害等の精神上の障害により、判断能力が不十分な状況になった場合に備えて、あらかじめ自らが選んだ受任者である任意後見人に、自己の生活、療養監護や財産管理に関する事務について代理権を与える契約である任意後見契約を公証人の作成する公正証書で結んでおくという制度です。

（2）　効力の発生について

任意後見契約は、本人の判断能力が不十分な状況になり、家庭裁判所によって任意後見監督人が選任された時から効力が生じます（任意後見2一）。つまり、任意後見人は、自分を監督する者が家庭裁判所によって選任されるまでは、財産管理等はできない制度になっています。

（3）　法定後見との違い

任意後見制度は、自己決定の尊重という理念に即しているため、法

定後見に優先するとともに、法定後見と比較すると以下の違いが挙げられます。

① 　任意後見人の権限は代理権のみで、取消権や同意権はありませんので、任意後見契約の効力が生じても、本人の行為能力は何ら制限を受けません。

② 　任意後見契約において居住用不動産の処分の代理権が与えられていると、家庭裁判所の許可や後見監督人の同意を得ることなくこれを処分することができます。

③ 　法定後見における後見人の財産管理は、保全的な財産管理を基本としますが、任意後見における財産管理は、本人が望めば財産の運用といった活用的な財産管理も許されると解される余地があります。

(4) 　財産管理契約等を同時に締結する場合

任意後見契約は、上記(2)のとおり、本人の判断能力が不十分な状況になり、任意後見監督人が選任された時から効力が生じます。もっとも、本人の判断能力が不十分になる前後を通じて連続的に財産管理等を委ねておきたい要望もあるかと思われます。このような要望に対応して、財産管理契約等を同時に締結して、任意後見契約の効力が生じる前をカバーする場合があります。

財産管理契約等については、Q 7 を参照してください。

2 　本人が死亡した場合の死後事務について

(1) 　任意後見契約の効力が生じる前

任意後見契約の効力が生じる前は、任意後見受任者はそもそも本人の財産管理権を有していませんので、任意後見受任者の立場で死後事務を行うことはできません。また、(2)に説明する応急処分義務についても委任契約の効力が生じていないので該当する余地はなく、事務

管理の可能性があるのみとなります。

　(2)　任意後見契約の効力が生じた後

　任意後見契約は、委任契約ですから本人の死亡により終了します(民653一)。また、本人の財産は相続人に包括承継され、代理権が失われることは、Ｑ5の1(2)で説明しているとおりです。さらに、任意後見契約には、Ｑ5の2において説明しました法定後見における民法873条の2(成年被後見人の死亡後の成年後見人の権限)の適用はありませんので、任意後見人は死後の事務を行うことは基本的にできないと考えられます。

　なお、委任契約には、応急処分義務(民654)の規定があり、これを根拠に死後事務を行う可能性もあり得ますが、「急迫の事情があるとき」「必要な処分」との抽象的な要件は、その該当性を判断するのが極めて困難です。また、本人の財産を承継した相続人全員のための事務管理(民697)を根拠とする可能性についても同様といえます。このため、任意後見人が死後事務を行うことは極めて難しいといわざるを得ません。

3　任意後見人に死後事務を委ねるには

　以上のとおり、基本的に任意後見人は死後事務を行うことはできないと考えられます。このため、任意後見人に死後事務を委ねるためには、死後事務委任契約を締結しておく必要があります。なお、任意後見契約を締結しているということは、任意後見人が生前の本人と一定の関係にあり、本人の家族状況や死後事務の意向を聴取する機会もあると想定されます。このため、本設問で解説したことを考慮して、死後事務についての要望や必要性が予想される場合には、死後事務委任契約を締結しておくことが望ましいといえます。

Q7　財産管理契約又は見守り契約との関係は

Q　財産管理契約又は見守り契約で死後事務を委任することはできますか。

A　財産管理契約又は見守り契約の内容に死後事務を含める、あるいは死後事務委任契約を締結することによって死後事務を委任することができます。

解　説

1　財産管理契約とは

　財産管理契約とは、自身の財産の管理や生活上の事務の全部又は一部について委任をする契約で、受任者の権限は契約内容により定まることとなります。任意後見契約は、本人の判断能力が不十分な状況になり任意後見監督人が選任されるまでは効力が生じませんので、その前段階においても財産管理等を委ねたい要望に応える契約といえます（Q6の1(4)参照）。

2　見守り契約とは

　見守り契約とは、一般的には、委任者と定期的な連絡及び面談等（見守り活動）を通じて、委任者の安否、生活状況及び心身の状況を把握することを目的とする準委任契約の一種です。任意後見契約は、上記のとおり、本人の判断能力が不十分な状況になり任意後見監督人が選任されるまでは効力が生じません。また、任意後見契約そのものからは、見守り義務も任意後見監督人の選任申立義務も発生しないと解されています。このため、本人の状況を的確に把握して本人の判断能力

が不十分になった場合に、任意後見監督人の選任申立てを適切な時期に行うことを義務化することに本契約の意義があります。任意後見契約を締結する場合には、財産管理契約、見守り契約を同時に締結することによって、判断能力が不十分になる前段階から継続して日常生活や財産管理を支援することが可能となります。なお、財産管理契約の内容に見守り義務を盛り込むことも可能です。

3　本人が死亡した場合の死後事務について

　財産管理契約や見守り契約は、任意後見契約と併せて締結されることが実務的に多いと思われますが、必ずしも併せて締結しなければならないというものではなく、委任者が、財産管理契約・見守り契約だけを締結したまま死亡することもあります（なお、任意後見契約を締結している場合は、Q6を参照してください。）。

　財産管理契約・見守り契約は、ともに、委任者の死亡により契約は終了します（民653一）。また、本人の財産が相続人に包括承継されることはQ5の1(2)で説明したとおりです。このため、受任者は相続人に対して遅滞なく管理の経過及び結果を報告し、管理財産を引き渡さなければなりません（民645・646）。このため、財産管理契約・見守り契約の受任者が死後の事務を行うことは基本的にできないと考えられます。応急処分義務（民654）ないし事務管理（民697）を根拠とする可能性については、Q6の2(2)で説明しているとおり、極めて難しいといえます。

4　死後事務を委任する場合

　以上のとおり、基本的に財産管理契約・見守り契約の受任者は死後事務を行うことはできないと考えられます。このため、これらの契約の受任者に死後事務を委ねるためには、これらの契約の内容に死後事

務を含めるか、あるいは死後事務委任契約を締結しておく必要があります。なお、任意後見契約（Q6の3参照）と同様に、これらの契約を締結しているということは、受任者が生前の本人と一定の関係にあり、本人の家族状況や死後事務の意向を聴取する機会もあると想定されます。このため、本設問で解説したことを考慮して、死後事務についての要望や必要性が予想される場合には、死後事務委任契約を締結しておくことが望ましいといえます。

Q8　遺言との関連は

Q　　遺言で死後事務委任を定めることはできるのでしょうか。遺言と死後事務委任との関係や遺言執行者と死後事務受任者の関係について教えてください。

A　　遺言事項として法的な拘束力が発生する事項は、法律で定められた事項に限られています。そのため、遺言において、法的拘束力のない付言事項として遺言者の意思や訓戒等を記載することはできますが、法定遺言事項以外の死後の委任事務処理手続を委任するためには死後事務委任契約を締結しておく必要があります。遺言執行者の執行行為は法定されていますが、死後事務委任契約の受任者に対する委任事項は、法定遺言事項以外の事務手続を自由に取り決めておくことが可能です。

解　説

1　遺言と死後事務委任契約の関係等

(1)　遺言制度

　遺言制度は、法定相続制度の例外を定めたものであり、相続人の権利を制限するものです。遺言は、書面で作成する必要がありますが、遺言書に記載しておけばどのようなことでも法的な拘束力が発生するわけではありません。

(2)　法定遺言事項

　遺言事項として法的な拘束力が発生する事項としては、ア　相続に関する事項、イ　相続以外による遺産の処分に関する事項、ウ　身分関係に関する事項、エ　遺言執行に関する事項、オ　その他の事項が

あります。具体的な遺言事項は以下のとおりです。

　　ア　相続に関する事項

①　推定相続人の廃除、廃除の取消し（民893・894②）

②　相続分の指定・指定の委託（民902）

③　特別受益の持戻しの免除（民903③）

④　遺産分割方法の指定・指定の委託（民908前段）

⑤　遺産分割の禁止（民908後段）

⑥　共同相続人の担保責任の減免・加重（民914）

⑦　配偶者居住権の設定（民1028①二）

⑧　遺留分侵害額の負担の割合の指定（民1047①二）

　　イ　相続以外による遺産の処分に関する事項

①　遺贈（民964）

②　相続財産に属しない権利の遺贈について別段の意思表示（民996ただし書・997②ただし書）

③　信託の設定（信託法2②二・3二）

④　財団法人設立のための寄附行為（一般社団法人及び一般財団法人に関する法律152②）

　　ウ　身分関係に関する事項

①　認知（民781②）

②　未成年後見人の指定（民839①）

③　未成年後見監督人の指定（民848）

　　エ　遺言執行に関する事項

①　遺言執行者の指定・指定の委託（民1006①）

　　オ　その他の事項

①　祭祀承継者の指定（民897①ただし書）

②　遺言の撤回（民1022）

③　保険金受取人の変更（保険法44①・73①）

(3)　法定遺言事項以外の遺言事項（付言事項）

　遺言事項として法的な拘束力が発生する事項は法定遺言事項に限られているため、法定遺言事項以外の事項を記載したとしても法的な効力が生ずることはありませんが、法定遺言事項以外の記載をすること自体は禁止されるものではありません。そこで、例えば「葬儀は家族だけで行うように。」「家族一緒に仲良く暮らすように。」等の記載をして、遺言者の最後の意思を遺すという意味はあるかと思われます。このような法定外の事項を「付言事項」といいます。

(4)　死後事務委任契約の必要性と委任事項

　上記のとおり、遺言事項として法的な拘束力が発生する事項は法定遺言事項に限られています。しかし、相続発生後には、法定遺言事項以外にも葬儀の主宰や役所での行政手続、病院代等の精算、公共サービスの解約等の様々な手続が必要となります。通常は、これらの事務手続は相続人である家族や親族等が行うことが一般的ですが、例えば、身寄りのない方や家族に煩雑な事務手続の負担をかけたくないと考えることもあるでしょう。このような場合には、生前に死後事務委任契約を締結することにより、死後の事務手続を委任しておくことができます。死後事務委任契約の対象となる委任事務手続としては、Ｑ３・４を参照してください。

2　遺言執行と死後事務委任契約との関係等

　遺言と死後事務委任は、遺言執行者又は受任者が亡くなった人のために事務手続を行うという点では違いはありませんが、遺言執行者は、遺言の内容を実現するために、遺言で定められた手続しか行うことができないのに対し、死後事務委任の場合には、受任者が行うべき事項を自由に取り決めることができるという違いがあります。遺言事項のうち、遺言執行者による執行行為を要する遺言事項としては、認知や

推定相続人の廃除・廃除の取消しが挙げられます。また、遺言執行者の選定は任意的ではあるものの、遺言執行者がいる場合には、遺贈、信託の設定、財団法人の設立、祭祀承継者の指定、生命保険金の受取人の変更等の執行については遺言執行者によらなければなりません。

　死後事務委任契約を受任する前に依頼者が遺言を作成している場合には、死後事務委任契約と遺言書の内容とが矛盾抵触しないように調整をしておく必要があるでしょう。

3　死後事務委任の事務処理が遺留分を侵害する場合

　民法は、被相続人の財産処分の自由（＝贈与者の意思の尊重）と相続人の保護（相続法秩序・遺言制度）との調和を図るため、相続人の遺留分を侵害しない範囲での財産処分を認めるとする遺留分制度（民1042以下）を置いています。そのため、死後事務委任の事務処理が相続人の遺留分を侵害する、あるいはそのおそれを実質的に生じさせている場合には、そのような事務処理は許されず、委任者の地位を承継した相続人からの解除（場合によっては一部解除）が認められると解されます（『明治学院大学法科大学院ローレビュー』18号31頁以下参照（2013））。

第3　死後事務委任契約の締結

Q9　依頼者から聴取すべき内容は

Q 死後事務委任契約を締結する際、依頼者から具体的にどのような事項について聴取すればよいでしょうか。

A 依頼者が現在どのような不安や悩みを抱えており、どのような解決を望んでいるかを把握するとともに、依頼者から契約の依頼内容や依頼者の財産状況等の聞き取りをすることが重要です。また、具体的にどのような事務の委任を希望しているのかを確認した上で、その委任事務ごとに必要な事項を聴取する必要があります。

解　説

1　依頼者からの聴取の重要性

　死後事務委任契約を締結するに当たり、依頼者が現在どのような不安や悩みを抱えており、どのような解決を望んでいるかを把握するとともに、依頼者から契約の依頼内容や依頼者の財産状況等の聴き取りをすることは非常に重要です。依頼者から聴取をすべき具体的な事項は以下のとおりです。

2　依頼者から聴取すべき事項

（1）　依頼者の家族構成や親族との関係等

　依頼者が亡くなった場合には、相続人に対して通知や報告等をする

必要があるため、あらかじめ戸籍謄本等により推定相続人が誰であるかを把握しておくことが重要です。また、事務手続を進める上で、依頼者の親族等の協力を得ることが必要な場合もあるため、親族等との関係性を事前に把握しておくことも重要です。また、場合によっては、契約締結時点において契約内容を親族等にも把握してもらい、関係者から理解や納得を得ておくのがよいでしょう。

　(2)　依頼者の財産状況等

　死後事務委任契約を締結するとともに遺言書を作成する場合はもちろんのこと、契約の内容や対象等を検討するに当たり、依頼者の財産状況（所有不動産の有無、預貯金の残高等）を確認する必要があります。また、依頼者の収入状況（就労先や年金受給の有無等）についても確認しておくべきでしょう。なお、依頼者が多額の負債を抱えているような場合には、死後の事務手続に支障が生じるだけでなく、受任者の報酬を受領することが困難となる場合も生じかねないため、負債状況についても確認しておくのがよいかと思われます。

　(3)　委任事務の範囲とその確認事項等

　死後事務委任手続は非常に広範かつ多岐にわたることから、どのような事務手続の依頼を受けるのかについて依頼者の意思を明確にしておく必要があります。その際、依頼を受ける死後事務が実現可能なものであるのかについても、十分に検討をしておくべきでしょう。死後事務としては、以下のような手続が挙げられます。

① 　行政官庁等への諸届（死亡届の提出、戸籍関係手続、健康保険や年金の資格喪失届等）の事務手続（ケース1・12参照）

　　依頼者が年金受給者である場合には、遺族年金の受取りや年金の受給停止の手続をする必要があるため、年金通知書や年金証書等を確認しておきます。

②　葬儀や永代供養等に関する事務手続（ケース４〜８参照）

　　葬儀や納骨については、依頼者の意向を尊重する必要があるものの、親族等の関係者の心情等にも最大限の配慮が必要な事項であると考えられるため、特に慎重に対処する必要があります。

　　まずは、依頼者から、どのような形式で葬儀を行ってほしいのか、帰依している宗教や菩提寺の有無、参列者の範囲に関する希望、希望する墓地や霊園の有無、散骨を希望する場合にはその場所や方法等、詳細な内容について意向を確認する必要があります。また、これらの点については、依頼者から事前に親族等の関係者に説明をするなど、親族等の関係者からの納得や理解が得られるように事前に準備しておく必要があるように思われます。もっとも、依頼者が親族には知らせたくないなどと考えている場合もありますので、依頼者の意向に十分に配慮する必要があるでしょう。

③　遺品の整理・処分に関する事務手続（ケース18参照）

　　遺品のうち家族に形見分けしたいものがあるかどうか、遺品を全て処分してもよいかどうか等について確認します。

④　医療費や入院費、老人ホームの施設利用料等の精算手続に関する事務手続（ケース11・16参照）

　　依頼者が入通院治療をしていたり、老人ホーム等に入所している場合には、医療費や施設利用料等の精算手続が必要となるため、病院や老人ホームの連絡先等を把握しておく必要があります。

⑤　公共サービス等の解約・精算等に関する事務手続（ケース13・19参照）

　　公共サービス等に限らず、生命保険や医療保険、損害保険等の各種保険契約のほか、携帯電話やインターネット、クレジットカード等の契約についても、解約手続や精算手続等が必要となる場合があ

るため、どのような契約を締結しているのかについても確認してお
く必要があります。

⑥　親族や関係者への連絡に関する事務手続（ケース2参照）

　相続発生後に連絡を希望する親族や関係者の連絡先や、連絡を希
望する事項等を確認します。

⑦　インターネット上のホームページ、ブログ、SNS等への死亡の告
知、又は閉鎖、解約や退会処理に関する事務手続（ケース20参照）

　依頼者が登録しているSNSやフリーメールアドレス等について削
除の依頼を受ける場合には、それらの削除の方法を確認するととも
に、必要に応じて、依頼者のアカウントID、ユーザー名、メールア
ドレス等を確認し、委任契約書に記載しておくのがよいかと思われ
ます。

⑧　パソコンやスマートフォンに保存されているデータの消去事務手
続（ケース21参照）

　パソコンの内部情報については、例えば家族等に遺しておきた
い写真のデータ等があるかどうか、就労先の情報等が保存されてい
ないか等について確認しておく必要があります。

⑨　賃借建物の明渡し等に関する事務手続（ケース15参照）

　住居が賃貸である場合には、賃貸借契約書等から、不動産管理会
社や保証人等の連絡先を確認しておく必要があるでしょう。

⑩　ペットの引取先に関する事務手続（ケース10参照）

　依頼者がペットを飼育している場合には、そのペットの引取先が
決まっているのかどうか、引取先が決まっていない場合には、ペッ
トを引き取ってくれる施設や団体等を確認しておく必要がありま
す。

3　チェックリスト

聴取事項
【依頼者の家族構成や親族との関係等に関する事項】
依頼者の家族構成、推定相続人の範囲
依頼者と親族との人間関係が良好であるか、疎遠であるか等
【依頼者の財産状況等に関する事項】
依頼者の財産状況（所有不動産の有無、預貯金の残高等）
依頼者の収入状況（就労先や年金受給の有無等）
負債の有無及びその額等
【死後事務委任の範囲等に関する事項】
①　行政官庁等への諸届に関する事務手続 ・健康保険、介護保険、障害者手帳の有無等 ・年金の受給資格、遺族年金の有無等
②　葬儀や永代供養等に関する事務手続 ・葬儀の形式 ・帰依している宗教や菩提寺の有無 ・参列者の範囲 ・死亡通知を出す関係者の範囲 ・指定の葬儀社の有無 ・納棺を希望する副葬品の有無 ・献体の希望の有無 ・納骨の方法等（埋葬か散骨） ・希望する墓地や霊園、散骨の場所等 ・葬儀の方法等に関する親族の意向等
③　遺品の整理・処分に関する事務手続 ・遺品の保管場所 ・形見分けの対象にしたい物品の有無及びその相手 ・遺品の寄付や換価の希望の有無 ・遺品、祭祀財産の処分方法

	④　医療費や入院費等の精算手続に関する事務手続 ・依頼者の入通院状況 ・病院の連絡先
	⑤　老人ホームの施設利用料等の精算手続に関する事務手続 ・老人ホーム等の施設の利用状況 ・利用施設の連絡先
	⑥　公共サービス等の解約・精算手続に関する事務手続 ・電気、ガス、水道などの公共サービス、生命保険や医療保険、損害保険等の各種保険契約、固定電話・携帯電話、インターネット接続サービス、新聞等の定期購読、クレジットカードの契約の有無及びその内容等
	⑦　親族や関係者への連絡に関する事務手続 ・親族や関係者の連絡先 ・親族や関係者への連絡事項等
	⑧　インターネット上のホームページ、ブログ、SNS等への死亡の告知、又は閉鎖、解約や退会処理に関する事務手続 ・ホームページやSNS等の有無及びその取扱い ・依頼者のアカウントID、ユーザー名、メールアドレス等
	⑨　パソコンやスマートフォンに保存されているデータの消去事務手続 ・パソコンに保存されているデータの取扱い ・スマートフォンに保存されているデータの取扱い
	⑩　賃借建物の明渡し等に関する事務手続 ・賃貸借契約書の写しの確認 ・不動産管理会社や保証人等の連絡先
	⑪　ペットの引取先に関する事務手続 ・依頼者がペットを飼育しているかどうか ・ペットの引取先の希望等 ・ペットの健康状態等

Q10　依頼者の判断能力に疑問があるときは

Q　依頼者の判断能力に疑問があるとき、どのようにして判断能力の有無を判断すればよいでしょうか。またそのような依頼者との間で委任契約を締結する際の実務上の注意点を教えてください。

A　依頼者の判断能力に疑問があるときは、依頼者本人から事情聴取するだけでなく、その関係者や医師からも依頼者の状況等について確認する必要があると思われます。例えば、行為能力の有無については、成年被後見人等の登記がされているかどうかにより確認することができます。契約書を作成する際には、公正証書により作成する方法が望ましいでしょう。

解　説

1　意思能力の判断方法

（1）　意思能力とは

「意思能力」とは、自己の行為の法的な結果や意味を認識・判断する能力のことをいいます。死後事務委任契約を締結した時点で、依頼者が認知症等により意思能力を有していなかったときは、無効となります（民3の2）。

（2）　意思能力の判断基準

意思能力の有無は、問題となる意思表示や法律行為ごとに個別に判断されます。意思能力は、本人の客観的な判断能力のみによって判断されるわけではありませんが、一般的には、契約締結時点において、依頼者が重度の精神障害や知的障害を有していたり、認知症の症状が

相当程度進行しており、事理を弁識する能力を欠く状態となっている場合には、意思能力がないと判断されることになるかと思われます。しかし、意思能力の有無の判断方法については、客観的・画一的な判断基準が確定しているとはいえないため、契約当時における依頼者の意思能力の有無の判断は必ずしも容易ではありません。

(3)　意思能力の確認方法

死後事務委任契約を締結する際に、依頼者の判断能力に疑問が生じた場合には、依頼者が契約の内容等を理解しているかどうかについて依頼者本人から事情聴取をするだけではなく、依頼者の家族や親族等の関係者からも依頼者の状況等について確認するのがよいでしょう。

依頼者及びその関係者等からの事情聴取だけでは判断が難しいような場合には、依頼者に精神病や認知症の治療歴があるかどうかを確認した上で、必要に応じて医師から意見を聴取したり、カルテの内容等の開示を請求することも検討する必要があるかと思われます。

2　行為能力の判断方法

(1)　行為能力とは

「行為能力」とは、単独で有効に法律行為をなし得る地位又は資格のことをいいます。

(2)　制限行為能力者

民法は、意思能力の有無が法律行為ごとに個別に判断されることから生じる不都合を回避し、類型的にみて法律行為における判断能力が十分ではない者を保護するため、これらの者の行為能力を制限しており、その原因や程度により、制限行為能力者を、未成年者、成年被後見人、被保佐人、被補助人に類型化した上で、それぞれの判断能力に応じて画一的な基準により法律行為の有効性を判断できるようにしています（民5・9・13・17）。

　意思能力のない者による法律行為は無効とされるのに対し、制限行為能力者が締結した契約については取り消すことができるのが原則です。

(3)　制限行為能力者の確認方法

　依頼者が制限行為能力者であるかどうかを確認する方法について、未成年者であるかどうかについては身分証明書や公的書類等で年齢を確認するほか、成年被後見人等であるかどうかについては「登記されていないことの証明書」を提出してもらう方法により確認することができます。なお、上記の証明書の交付を請求できる者は、取引の安全の保護と本人のプライバシー保護の調和を図る観点から、本人、その配偶者・四親等内の親族など一定の者に限定されています。

3　公正証書の作成

　公証人は、法令に違反した事項、無効な法律行為及び行為能力の制限により取り消し得べき法律行為につき証書を作成することができない（公証人法26）とされていることから、公証人は、受任者や依頼者の意向等にかかわらず、中立・公正な立場から、依頼者の意思能力の有無を確認した上で、契約内容に違法・無効な点がないかどうかについて審査をしています。そのため、公正証書には当事者間で作成された契約書と比較して高い信用力が認められているといえます。

　死後事務委任契約は必ずしも公正証書により作成する必要はありませんが、後日、依頼者の意思能力や行為能力について疑義が生じる余地を少なくするためには、一般的な契約書を作成するよりも公正証書で作成する方法が望ましいと思われます。

Q11　死後事務委任契約の作成様式は

 死後事務委任契約の作成様式はどのようなものがありますか。契約書作成時の注意点はありますか。

A 死後事務委任契約は、不要式行為ですが、委任者の生前意思の痕跡を残すため、書面によるべきです。作成様式としては、実印による押印をした上で印鑑証明書を添付する方法や、公正証書による方法、遺言公正証書の中に死後事務委任を挿入する方法があります。

解　説

1　死後事務委任契約の作成様式

　死後事務委任契約は、準委任契約であることから、契約の成立に一定の様式が要求されていない不要式行為です。そのため、口頭による合意でも契約を成立させることはできますが、委任者の生前意思の痕跡を残すため、必ず書面によるべきです。

　また、死後事務委任契約は、委任者の死亡後に効力を有する契約であるため、特に委任者とその相続人の意思が離齬する場合や、両者の利害が対立する場合は、契約成立の有無などをめぐり紛争となる可能性があります。

　そのため、当該死後事務委任契約が、委任者の意思を反映したものであることを推認できるよう、私文書として契約書を作成する場合であっても、実印による押印をした上で印鑑証明書を添付する方法が有用です。また、契約書を公正証書によって作成する方法もあります。なお、遺言公正証書の中に付言事項として死後事務の委任内容を記載

することも考えられますが、遺言執行になじまない可能性や、契約としての成立の疑義があるので、注意してください。

2　契約書作成時の注意点

(1)　委任者の死亡による契約の効力

死後事務委任契約は、委任者の死亡後に効力を生じる契約です。

委任者の死亡は委任の終了事由（民653一）ですが、任意規定であることから、反対の特約は許されます。そこで、死後事務委任契約の場合には、委任者が死亡した場合でも契約が終了しない旨の条項を設ける必要があります。

また、委任事務の執行段階では、委任者の地位は亡くなった委任者の相続人等に引き継がれます（民896）。委任はいつでも解除できます（民651①）が、特約により制限できます。そこで、委任者の相続人は、原則として当該死後事務契約を解除できない旨の特約条項を設ける必要があります。

(2)　預託金、費用の負担及び報酬

死後事務の執行費用及び受任者の報酬の支払のために、委任者が受任者に対し、金銭を預託する場合には、預託の目的、預託金額を条項で明示する必要があります。

また、執行費用は、委任者、その相続人又は相続人がいない場合には相続財産法人が負担しますが（民649・650）、契約条項でも明示しておくことが望ましいです。

受任者の報酬は特約がなければ生じません（民648①）ので、受任者が報酬の支払を希望するのなら特約で定める必要があります。

(3)　契約終了に伴う事務

受任者は、死後事務委任契約が終了した場合は預託金を返還しなければなりません。その場合、預託金から費用及び報酬を控除した残金

を返還することになりますので、その旨の条項が必要となります。

　また、受任者は、死後事務終了後、相続人等に遅滞なくその経過及び結果を報告しなければなりません（民645）。そこで、受任者は、①本件死後事務につき行った措置、②費用の支出及び使用状況、③報酬の収受について、書面で相続人等に報告する旨の条項が必要となります。

Q12　死後事務委任業務の適正確保のための方法は

　死後事務委任業務の適正確保のために、どのような方法がありますか。

　弁護士等の職業専門家を監督者として指定するなどの方法があります。

解　説

1　監督者の重要性

　任意後見契約では、監督機関として必ず任意後見監督人が選任されますが、死後事務委任契約は、法律上の制度ではないため、契約で定めない限り、監督機関が設置されません。

　しかし、受任者が親族等であり、職業専門家でない場合には、適正に事務の執行を行ってもらえるか、委任者が不安に思うかもしれません。

　そこで、死後事務執行の適正化を確保し、委任者が安心できる契約内容とするために、監督機関を設置することが重要となります。

　監督機関としては、弁護士等の職業専門家を監督者として指定することが考えられます。

2　具体的な監督方法

（1）　報告事項の審査

　ア　委任者の生前に、受任者は、委任者から預託金の保管状況や委任事務の準備状況の報告を求められたときにはこれを報告しなければなりません（民645）。

　しかし、死後事務委任契約は、その性質上、契約締結から死後事務
に着手するまでに相当期間が経過することが予想されることから、委
任契約の内容として、預託金の保管状況等を定期的（1年に1回など）
に書面で報告する旨を定めることが考えられます。

　監督者を設置する場合には、報告書の提出先に監督者を加え、監督
者の審査を受ける旨を定めることで、預託金の保管状況に関する適正
化を確保することができます。

　イ　また、受任者は、死後事務の処理が完了した場合には、相続
人等に対して、処理結果、支出した費用の状況、報酬の収受状況、預
託金の状況について報告する必要があります。

　事務執行等の適正化を確保するために、監督者を設置する場合は、
上記アと同様に、報告書の提出先に監督者を加え、監督者の審査を受
ける旨を定める必要があります。

　(2)　特定の事務の執行に対する同意

　特定の事務の執行について、事前の監督が特に必要な場合には、監
督者による事前の同意が必要である旨を定める必要があります。

　もっとも、機動的な事務処理に支障を来す可能性もあるため、同意
事項を定める際には注意を要します。

Q13　死後事務執行の準備は

　　死後事務委任契約締結前から効力発生までの間に、どのような準備をしておく必要がありますか。

　　死後事務執行の相手方との間で、事務執行のために必要な権限の有無、必要書類等を確認しておく必要があります。

> 解　説

1　事務執行の準備の重要性

　死後事務委任契約では、契約の性質上、受任者の事務の執行は、委任者の死亡後に行われることになります。委任者の死亡後に、事務執行の障害が発覚してしまうと、是正することができず、死後事務の執行を完了することができない可能性があります。

　そのため、受任者は、委任者の死亡後に速やかに死後事務の執行を完了できるよう、委任者の生前に、以下の準備をしておくことが重要です。

2　権限の有無の確認

　受任者は、死後事務委任契約を締結する前提として、そもそも、死後事務執行の相手方において、受任者が執行権限を有すると認められるか否かを確認しておく必要があります。

　特に、委任事項として、行政官庁に対する諸届事務が含まれている場合には、受任者による届出が受理されない可能性もありますので注意が必要です。

　確認の結果、受任者の権限が認められないことが判明した場合には、委任者との間で別途任意後見契約等を締結して受任者が権限を具備するようにするか、あるいは、事前に相続人からの協力を取り付けておくなどの準備が必要となります。

3　契約内容の確認

　受任者は、死後事務執行に必要な場合には、委任者が締結している契約内容を確認しておく必要があります。

　例えば、委任事項として、老人ホーム等の施設利用料等の精算事務、居住していた住居の明渡事務が含まれている場合には、受任者は、円滑な事務の執行を行うために、委任者が締結している施設利用契約、賃貸借契約の内容を事前に確認しておく必要があります。

4　必要書類等の確認・収集

　受任者は、死後事務執行の必要書類や情報を確認し、事前に収集することが可能な書類等を収集しておく必要があります。

　例えば、委任事項として、ペットの施設入所手続が含まれている場合には、ペットを施設に入所させるために、「狂犬病予防注射済証」などの書類提出を求められることがあるため、事前に準備しておく必要があります。

　また、委任事項としてSNSアカウントの削除が含まれている場合には、ログインID、パスワード、アカウント作成時に登録したメールアドレス等の情報を、委任者に確認しておく必要があります。

Q14　相続発生前に死後事務委任契約の解除等ができるか

Q　　死後事務委任契約締結後、相続発生前に、死後事務委任契約の解除（解任・辞任）・中途解約はできますか。解除しようとしたときに、委任者又は受任者の判断能力がない場合はどうしたらよいですか。

A　　死後事務委任契約は、委任（準委任）契約ですので、原則として、相続発生前に、委任者・受任者どちらの側からもいつでも契約を解除（解任・辞任）することはできますし（民651①）、合意による中途解約も可能です。ただし、民法651条1項は任意規定のため、特約があれば、解除権を制限することも可能です。

　解除しようとしたときに委任者の判断能力がない場合には、委任者に成年後見人をつけるなどしなくてはいけません。受任者の場合は、後見開始の審判を受ければ当然に終了しますし（民653三）、それ以前でも当初予定した執務をできないときに備えて契約条項を準備しておくべきです。

解　説

1　死後事務委任契約の解除等について

　死後事務委任契約は、委任（準委任）契約ですので、原則として、相続発生前に、委任者・受任者どちらの側からもいつでも契約を解除することはできますし（民651①）、合意による中途解約、2人以上の受任者がいる場合の一部の者による受任者の地位の辞任も可能です。判

例においても、委任契約の解除権は広く認められています（最判昭56・1・19民集35・1・1）。なお、平成29年民法（債権法）改正では、従前から規定されていた相手方に不利な時期に委任の解除をしたときのほか、受任者の利益（専ら報酬を得ることによるものを除きます。）をも目的とする委任を解除した場合には、やむを得ない事由があるときを除き損害を賠償しなければならないことが明文化されています（民651②）。

　しかし、死後事務委任は委任者の受任者に対する信頼関係で成立していますので、受任者からいつでも解除等ができるとすると、委任者にとって不都合な事態が生ずる可能性があるため、やむを得ない場合に解除事由を限定することが必要です。例えば、やむを得ない事由とは、執務が著しく困難になった場合、利益相反が後から判明した場合、信頼関係が破壊された場合などです。

2　委任者が相続発生前に意思表示の受領能力に欠けた場合

　死後事務委任契約締結後、相続発生前に、委任者が受任者からの契約の解除の意思表示を受領する能力に欠けたとき（民98の2参照）、受任者は契約の解除をすることができません。

　受任者としては、委任者に成年後見人が選任されていない場合には選任してもらい、同成年後見人に対して契約解除の意思表示をすることになります。ただし、成年後見人選任申立権者は、本人、配偶者、四親等内の親族、未成年後見人、未成年後見監督人、保佐人、保佐監督人、補助人、補助監督人又は検察官（民7）、任意後見契約が登記されている場合、任意後見受任者、任意後見人又は任意後見監督人（任意後見10②）ですので、受任者が成年後見人選任申立てを行うためには、死後事務委任契約とともに任意後見契約も締結し、登記しておくことも考えられます。

3　受任者が相続発生前に当初予定した死後事務の履行が著しく困難になった場合

　受任者が後見開始の審判を受けることは、委任契約の終了事由ですので（民653三）、契約は当然に終了します。また、相続発生前に受任者が後見開始の審判を受けていないものの、死後事務の履行が著しく困難になるケースもあるでしょう。

　このような受任者側の事情によって契約が終了したり、死後事務の執行ができなくなると、せっかく締結した契約の意味がなくなり、委任者は後任者の選定や再契約の手間がかかります。こうした困難をできるだけ回避する意味から、あらかじめ受任者を2人以上設定する、又は、予備的受任者を設定しておくことなども検討するとよいでしょう。

第4　契約の履行

Q15　委任者死亡後の事務の流れは

Q　委任者死亡後、死後事務委任契約に関する委任事務の流れはどうなりますか。

A　委任者死亡の連絡が入ったら、死後事務委任契約の内容に基づき、委任事務の履行を直ちに開始することになります。

受任した委任事務の内容ごとに行う時期が異なりますので、特に期限が定められているものについては時機を逸することのないよう注意してください。

　　解　説

1　委任者死亡後の委任事務の流れについて

委任者が死亡したとの連絡を受けたら、死後事務委任契約の内容に基づいて委任事務の履行を直ちに開始することになります。そのため、万一委任者死亡時にその旨の連絡が受任者になされないと、例えば委任者から葬儀・埋葬の手続を受任していたにもかかわらず、委任者死亡の事実を知った時には既に葬儀も埋葬も委任者の希望と関係なく実施済であったというような、受任した委任事務の履行が困難になる事態が生じかねません。

したがって、委任者の存命中に、相続人となる方々から委任者の死亡時に連絡を受けられるようにしておくことや、委任者とホームロイヤー（見守り、財産管理及び任意後見）契約を締結して委任者の状況

を把握できるようにすることなどが必要となります。

　どのような委任事務を受任するかは、委任者ごとにそれぞれですが、通常想定される委任事務について、以下時系列に従い事務の流れや注意点等を説明します。

2　相続人への連絡

　通常、委任者に相続人がいる場合には、委任者の死亡は相続人自身で確認できることが多いと思われます。

　しかし、相続人の居住地が遠距離で委任者の状況を把握できないなどの場合には、委任者から、受任者において委任者死亡の事実を相続人に連絡することを死後事務として受任することがあります。

　この場合、委任者死亡の事実を確認次第、直ちに相続人にその連絡をする必要があります。相続人に連絡がつながらないという事態に陥らないよう、委任者から相続人の連絡先を正確に把握できるようにしましょう。

3　死亡届

　委任者に相続人がいる場合には、相続人が死亡届を提出することが通常です。

　一方、委任者に相続人がいない場合や、相続人と疎遠のため死亡の確認や死亡届の提出が期待できない場合には、委任者から、死亡届の提出を委任事務として受任することがあります。

　ただし、死亡届の提出ができる者は限られており（戸籍87）、死後事務委任契約の受任者はこれに含まれていませんので、別途任意後見契約を締結する等の対応が必要となります。詳細はケース1を確認してください。

　死亡届は、死亡の事実を知った日から7日以内に役所に提出する必要があるため（戸籍86）、遅れることのないよう注意してください。

4　葬儀・埋葬

　特定の宗派等による葬儀や埋葬が死後事務委任契約の内容となっている場合、受任者は、葬儀社や委任者が希望する宗派の寺院等に連絡し、遺体搬送の依頼や葬儀・埋葬日程の相談をします。

　この際、委任者に相続人がいる場合には、葬儀・埋葬の日時・場所等の連絡をする必要があるでしょう。委任者の死亡によりその地位は相続人に引き継がれ（民896）、いずれ葬儀・埋葬の終了時には相続人にその経過及び結果を報告しなければならなくなるからです（民645）。

　また、火葬・埋葬には火葬許可証・埋葬許可証が必要となり、火葬許可証の発行を市区町村役場に申請するには死亡届が必要となるため、受任者が死亡届を提出できる場合はともかく、そうでなければ、死亡届を提出した方から火葬許可証・埋葬許可証を受領することとなります。

5　国民年金の資格喪失手続

　国民年金の資格喪失手続が死後事務委任契約の内容となっている場合、死後14日以内に行う必要があります（国民年金につき、国年105④、国民年金法施行規則24①）。

　ただし、「年金受給権者死亡届」の届出義務者は、戸籍法上の死亡届の届出人となっているため（国年105④）、上記3と同様の考慮が必要になります。なお、日本年金機構に個人番号（マイナンバー）が収録（紐付け）されている場合には原則として届出不要となり、紐付けの有無は「ねんきんネット」で確認が可能ですので、事前に確認をするとよいでしょう。

6　その他の死後事務

　その他以下の委任事務を受任した場合、このうち①～⑧はできる限り速やかに行うべき事務となります。他方、⑨は、委任者の死後1年後以降に行う事務となります。それぞれの委任事務のうち**第3章　ケース・スタディ**で解説のあるものについては、該当するケースを参照してください。

① 　医療費、施設利用費等の精算事務（ケース11）

② 　家財道具や生活用品、遺品等の処分に関する事務（ケース15・18）

③ 　賃借する家屋の賃貸借契約の解約・明渡しに関する事務（ケース15）

④ 　家賃、地代、管理費等の支払事務及び敷金、保証金等の受領事務（ケース15）

⑤ 　公共料金（電気・ガス・水道・NHK）の解約又は名義変更、精算手続（ケース13）

⑥ 　固定電話加入権の引継ぎ・解約、携帯電話、プロバイダー等の解約（会社によっては、解約手続を原則として相続人のみ可能としている場合があるため、受任者が解約可能か事前に確認が必要）（ケース19）

⑦ 　ペットの引渡手続等の事務（ケース10）

⑧ 　ソーシャルネットワークサービス（SNS）のアカウントの処分に関する事務（SNSの種類によっては、受任者では処分できない場合もあることから事前に確認が必要）（ケース20）

⑨ 　年忌法要、永代供養に関する事務（ケース6・7）

Q16　委任者死亡の事実を認知するには

Q　死後事務委任契約を受任していますが、委任者が死亡したことを、どのように認知すればよいでしょうか。

A　委任者の了解を得て生前から施設や医療機関との連携（第三者である受任者へ、施設や医療機関等から連絡をするよう事前に指定させる等）を図っておく方法、ホームロイヤー（見守り、財産管理及び任意後見）契約を締結し、生前から日常的に委任者の健康状態を把握できるようにする方法などにより、委任者の死亡をできるだけ速やかに認知することが考えられます。

解　説

1　委任者死亡の事実を速やかに認知する必要性

　死後事務委任契約の委任者が、いつ、どこで、どのような状況で亡くなるかは予測がたちません。自宅で急な死因により亡くなることもあれば、介護施設入居中や病院入院中に亡くなることもあります。不慮の事故等により、屋外で亡くなる場合も考えられます。

　また、委任者の死亡につき受任者が直ちに認知できず、知らせを受けた時には既に相続人により葬儀・埋葬等がなされた後だったということにでもなれば、死後事務委任契約に基づく事務の履行自体が不能となる事態を生じかねません。

　そこで、死後事務委任契約の受任者としては、委任者が亡くなったことをできるだけ速やかに認知する方法をあらかじめ考え、契約条項の中に盛り込むなどして対策を立てておくことが必要となります。

2　日常からの見守り

　委任者の死亡を速やかに認知するためには、委任者とホームロイヤー（見守り、財産管理、任意後見）契約を締結するなどして、委任者の生前からその身上に配慮し、心身の状況を把握しておくことが有用です。見守りの方法としては、委任者の希望に沿った方法を採用しましょう。例えば、一定の頻度を決めて、電話、ファクシミリ、メール、LINE、面談等適宜の方法でコンタクトをとることなどが考えられます。

　また、委任者に推定相続人がいる場合は、委任者の同意を得て、推定相続人の方から緊急時には受任者に連絡が入るように要請しておくことも考えられます。

　さらに、委任者にケアマネジャーやソーシャルワーカー等が就いている場合には、日頃から連携をとり、委任者の同意を得て、緊急時に連絡をもらえるよう関係性を築いておくことも重要です。

3　施設、病院、家主等との協力・協同

　そのほか、委任者が介護施設等に入居していたり、病院に入院していたり、賃貸住居に入居していたりする場合、施設、病院、家主等に対して、緊急連絡先として受任者をあらかじめ指定してもらう方法も考えられます。

　この点、個人情報の保護に関する法律23条1項等においては、個人データを第三者提供する場合には、あらかじめ本人の同意を得ることが原則とされています。また、厚生労働省の「医療・介護関係事業者における個人情報の適切な取扱いのためのガイダンス（平成29年4月14日（令和2年10月一部改正））」（以下「ガイダンス」といいます。）においては、「家族等への病状説明については、「患者（利用者）への医療（介護）の提供に必要な利用目的と考えらえる（原文ママ）が、本人

以外の者に病状説明を行う場合は、本人に対し、あらかじめ病状説明を行う家族等の対象者を確認し、同意を得ることが望ましい。この際、本人から申出がある場合には、治療の実施等に支障を生じない範囲において、現実に患者（利用者）の世話をしている親族及びこれに準ずる者を説明を行う対象に加えたり、家族の特定の人を限定するなどの取扱いとすることができる。」(前掲ガイダンス14頁参照)とされています。

　かかる観点からも、委任者から、受任者を緊急連絡先とすることについて同意を得た上で、病院等に対し同意書を示すことで、病院等の理解を得られるようにするとよいでしょう。

Q17　相続人が不存在の場合は

　　相続人が不存在の場合にはどのような点に注意すれば よいですか。

　　相続人が不存在の場合には、死後事務委任の執行中に おいても終了時においても、事務の履行結果の報告先、 預り資産の引渡先、報酬の支払等について、実務の観点から様々 な困難が予想されます。そのため、できるだけ委任者の生前に準 備できること、処理できることがないかを検討すべきです。

> 解　説

1　死後事務委任執行中の留意点

　相続人が不存在の場合であっても、受任者が恣意的な死後事務の執 行をすることは当然許されません。もっとも、相続人が不存在の場合、 死後事務委任の履行状況について相続人のように明白な利害関係を持 つ者がいません。そのため、受任者による恣意的な死後事務の執行が あったのではないかとの疑いが生じやすい状況といえます。

　このようなリスクを避けるには、相続人以外の親戚や親しい友人等 を報告先として契約で指定したり、契約で監督者を定めるなどの措置 をとることが考えられます。

　また、委任者の死亡時には相続人が存在したとしても、その後に全 ての相続人が相続放棄をして相続人が不存在となる可能性もありま す。相続放棄が予想される場合にも、上記のような措置を講じておく ことは有効です。

2　死後事務委任終了時の留意点

(1)　報告者の指定

　委任された死後事務が終了した時点で相続人が不存在の場合には、上記1で述べたように、あらかじめ指定された報告者や監督者に対し、委任事務の履行完了を報告します。

　報告先の定めがない場合ですが、確立した実務慣行はありません。そのため、例えば、相続財産管理人が選任されたときに備えて事務終了時に報告書をあらかじめ作成しておき、後日相続財産管理人が選任された場合には同人に報告する方法が考えられます。

　また、契約締結時には報告先が不明であったが、その後相続人が発見された場合には、契約による指定が既になされていれば当該条項に従って処理し、そうした指定がない場合にはその相続人に報告をする必要があります。

(2)　預り資産の引渡し

　死後事務委任契約では、契約時においてはその事務の執行にどれだけの手間と費用がかかるか不明確です。委任者が死亡後に費用等の不足が判明した場合、相続人がいる場合には相続人に対して請求することになりますが、支払を拒まれる可能性があります。相続人がいない場合には相続財産管理人を選任しないと相続財産から支払を受けることはできません。費用不足による執行不能を避けるには、契約時点で余裕をもって金員を預かることが想定されます。

　余裕をもって金員を預かると、次に、委任事務終了時に残存する資産を誰に、どのように引き渡すか、ということが問題となります。

　この点について、相続人がいない場合の確立した見解や実務慣行はありません。考えられる方法としては、相続財産法人に対する供託(民

494②）や後述する相続財産管理人選任の申立てが考えられます。供託も相続財産管理人選任の申立てもその制度が予定している典型的な利用方法ではないため、実際に行う際には、事前に法務局や裁判所等へ相談する必要があるでしょう。

(3)　相続財産管理人選任の申立て

　ア　相続財産管理人とは

相続人が不存在の場合、死後事務委任契約の委任事項として、相続財産管理人選任の申立てを盛り込むことが考えられます。

相続財産管理人とは、被相続人（亡くなった方）の債権者等に対して被相続人の債務を支払うなどして清算を行い、清算後残った財産を国庫に帰属させる業務を行う者で、多くの場合は弁護士が選任されます。

相続財産管理人は、利害関係人又は検察官の請求によって、家庭裁判所が選任します（民952①）。

　イ　死後事務委任契約で定めることの可否・必要性

相続財産管理人の選任は遺言事項ではないため、死後事務委任契約で定めることが可能です。むしろ、契約の中で、相続人が不存在であり、相続財産管理人の選任が必要であることを示すことは、死後の事務を円滑に進めるためにも望ましいといえます。

もっとも、死後事務委任契約における受任者が、相続財産管理人の申立権者である「利害関係人」に該当するか否かについては、確立した見解はありません。「利害関係人」とは、相続財産の帰属について法律上の利害関係を有する者をいい（潮見佳男編『新注釈民法(19)相続(1)』700頁（有斐閣、2019））、相続債権者や相続財産の担保権者が典型例です。契約で報酬が定められている場合には死後事務委任の受任者は相続債

権者となります。また、報酬の定めがない場合であっても、残った預り資産は相続財産なので、相続財産の帰属について法律上の利害関係があるといえそうです。したがって、実務的な慣行の確立はこれからの課題ですが、原則として、死後事務委任の受任者は利害関係人に当たると考えてよいでしょう。

　仮に受任者が利害関係人に当たるとしても、相続財産管理人を選任するには、裁判所に予納金を納めなければなりません。相続財産管理人の選任申立てが見込まれる場合には、裁判所への予納金も考慮して預り金の額を決めてください。

　(4)　報酬の支払

　先述のとおり、死後事務委任契約は、契約時においてはその事務の執行にどれだけの手間と費用がかかるか不明確であることから、報酬金額や支払方法をあらかじめ定めておくことは困難かもしれません。もっとも、委任契約は無償が原則なので、契約時点で報酬額の算定方法や報酬の発生条件は必ず定めてください。

　報酬の精算方法ですが、あらかじめ預り金として報酬相当額の支払を受けておき（なお、報酬総額の確定が難しい場合には、費用と合わせて余裕をもたせておくのがよいでしょう。）、条件成就時に預り金から精算する方法を契約で定めるのが適当です。

　(5)　遺言の作成

　これまで述べてきたように、死後事務委任契約の終了時において、特に預り資産の引渡しや報酬の支払については、一筋縄ではいかないことが予想されます。

　そこで、委任者の生前に遺言を作成し、事務終了時に残った預り資産の遺贈先、遺言執行者を定めておき、遺言執行者に最終的な処理を任せる、という方法が考えられます。

(6)　小　括

　いずれにしても、相続人不存在の場合の死後事務委任契約の遂行については確立された方法がないのが実際のところです。事務の遂行の困難さも含め、委任者と受任者とがあらかじめよく話し合い、調整しておく必要があるでしょう。

Q18　相続人が存在する場合は

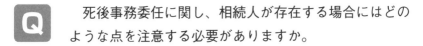　死後事務委任に関し、相続人が存在する場合にはどのような点を注意する必要がありますか。

　当初の委任者の相続が発生した後は、相続人が委任者ですし、また、事務処理の遂行に関して無用な反発やトラブルを招かないようにするためにも、綿密な意思疎通が必要です。また、委任事務の遂行可能性、委任事務が終了した後の相続人への財産引渡し、遺言・遺産との関係に注意する必要があります。

解　説

1　相続人との関係

　依頼者に相続人がいる場合、相続人は委任者である被相続人の地位を包括的に承継します。

　委任事務を円滑に遂行する上で、委任者である相続人との関係は非常に重要です。相続人との関係が悪化して紛争に発展することがないよう、十分注意することが必要です。過去には、相続人との間で訴訟になった事例もあります（最判平4・9・22金法1358・55、東京高判平11・12・21判タ1037・175）。

2　委任者の生存中

(1)　推定相続人への説明

　上記のとおり、受任者と相続人との間で紛争が生じる危険性があるため、委任者は推定相続人に対し、生前に自身が死後事務委任契約を

締結していること、受任者、委任事務の内容を説明し、理解を得ておくことが望ましいでしょう。また、推定相続人が複数いる場合には、受任者と連絡をとる窓口となる者を決めておくと、委任者の死後に事務に取り掛かる際もスムーズでしょう。

　事前の説明の段階で推定相続人からの反発があった場合、又はそもそも委任者と推定相続人との関係が良好ではない場合は、委任事務の執行費用については、できる限り生前に預かるようにておくとよいでしょう。生前に預からない場合、受任者が執行費用を支出した後、相続人に精算を求めることになりますが（民650①）、そのような状況下では、精算が困難となることが予想されるからです。

　(2)　委任事務の任務遂行可能性の検討

　具体的事例については第3章　ケース・スタディに譲りますが、例えば、委任者と推定相続人の信仰する宗教が異なる場合、委任者が望んだ葬儀や埋葬方法を、委任者の地位を承継した相続人が承諾しないということが想定されます。また、ペットの世話に係る費用を支出する場合にも、相続財産が減少するとして、相続人からの反発を受けることも想定されます。

　このように、委任者の希望について相続人の理解が得られない場合や反発がある場合、死後事務委任契約において任務の遂行や、報酬金の受領が困難になります。死後事務委任契約は、委任者の生前からの希望を死後に叶えることを内容とするものですが、実現を阻害する要因の有無を十分に検討した上で受任すべきでしょう。仮に、実現を阻害する要因があれば、委任者の生前にできるだけその要因を除外できるよう、推定相続人らとの話合いの機会を設ける等の措置を講じるべきです。

　また、委任者の希望は、死後事務委任契約における受任者が実現することになじむのか否か、受任者以外にも委任者の親族、友人・知人、

団体等、より実現することに適した者がいるのではないか、ということも検討すべきでしょう。

(3)　遺言及び遺言執行者の確認

遺言の有無及び遺言執行者の有無については、必ず委任者の生前に確認し、遺言執行者については具体的な氏名や連絡先も把握しておくようにしましょう。後述する委任事務終了後の預り金等の引渡先に大きく関係します。

3　委任者の死後

委任者が亡くなって事務を執行する場合には、受任者から相続人に事務を執行する旨及び進捗状況等を連絡します。相続人が複数いる場合で、かつ、窓口となる者が決まっていない場合には、相続人との紛争を避けるため、相続人全員に同様の情報を提供しましょう。

4　事務の遂行後

事務を遂行した後は、相続人へ事務の遂行内容を報告し、預り金の残金を返還します。その他、事務を遂行する上で預かっていた委任者の財産も相続人に引き渡します。相続人が複数いる場合には、誰が受け取るのか契約で明確にしておく方が望ましいでしょう。

ただし、委任者が遺言を作成しており、遺言執行者が指定されている場合は、遺言執行者が相続財産の管理に関する権利義務を有するため（民1012①）、相続人ではなく遺言執行者に引き渡します。引き渡す相手を誤ると、受任者が二重払の危険を負うことになるため、十分注意することが必要です。

Q19　委任事務遂行の報告は

 委任事務遂行の報告は、どのようにすればよいですか。

 　委任者の生前中は委任者に、委任者の死後は、相続人、遺言執行者、相続財産管理人等に報告することになるでしょう。いずれも委任事務終了後「遅滞なく」報告しなければなりません。報告方法は書面によることが望ましいです。

> 解　説

1　委任事務遂行の報告の必要性

　委任事務の遂行については、「受任者は、委任者の請求があるときは、いつでも委任事務の処理の状況を報告し、委任が終了した後は、遅滞なくその経過及び結果を報告しなければな」りません（民656・645）。

2　委任者の生前

　委任者の生前は、遂行した委任事務の報告は委任者に対してのみ行えば足ります。

　報告の方式について法令上の規則はありませんが、実務的な観点からすれば、委任者の死後に相続人等に示すことができるよう、書面若しくはメール等事後的に確認できる形式で残すことが望ましいでしょう。

3　委任者の死後

（1）　相続人が不存在の場合

　相続人が不存在で、かつ、相続財産管理人が選任されている場合に

は、相続財産管理人に対して委任事務遂行の報告をすることになります。

　そのほか、生前に委任者が報告をしてほしい者の指定があれば、それに従い報告することになるでしょう。

　報告の時期は委任事務終了後「遅滞なく」（民656・645）、報告の形式は、事後の紛争を避けるため、書面若しくはメール等の形に残る方法で行うとよいでしょう。報告すべき内容としては、委任者の死後に行った事務内容、費用の支出や使用状況、報酬の授受及び金額等が考えられます。

　(2)　相続人が存在する場合

　相続人が存在する場合には、相続人に対して報告をします。相続人が複数いる場合には、相続人の代表者のみに報告すればよいのか、相続人全員に報告する必要があるのかについては、できるだけ委任者の生前に確認し、できれば窓口となる者を死後事務委任契約の中で指定すべきです。報告先を決めておかないと、仮に相続人間の関係が悪く、紛争が生じている場合には、全ての相続人に報告することになるからです。

　また、遺言執行者がある場合には、同人にも報告をすべきです。

　報告の時期や形式、報告内容は、相続人が不存在の場合と同様に考えられます。

Q20　死後事務費用の支払方法は

 　死後事務費用はどのように支払ってもらえばよいです
か。複数ある場合はそれぞれのメリット、デメリットを
教えてください。

A 　死後事務費用は、委任者から生前に預かるのがよいで
しょう。

解　説

1　死後事務費用とは

　死後事務費用とは、死後事務委任契約で受任した死後事務の執行に
必要な費用です。例えば、葬儀・納骨費用、住居引渡費用、治療費・
入院費といったものが考えられます。

2　死後事務費用の支払根拠

　死後事務費用の支払について契約に定めがない場合は、前払で支払
を受けるときは受任者の費用の前払請求（民649）、受任者が費用を立て
替えて後日精算するときは受任者による費用等の償還請求（民650①）
によります。

　もっとも、死後事務費用として預かる金額は多額になる可能性があ
るので、契約の中で死後事務費用の支払根拠については定めるべきで
す。生前に預かっておかないと、相続人又は相続人がいない場合には
相続財産管理人から支払を受けることになり、精算まで時間がかかる
ことが予想されます。そこで、実務的には受任者が前払で預かること
が多いと思いますが、その場合には、預り金の精算方法や残った預り
金の返金先についても定めた方がよいでしょう。

3　死後事務費用の確保

(1)　生前に前受費用として預かる場合

　委任者の生前に前受費用としてまとまった金額を預かれば、執行費用の原資を確実に確保することができます。また、費用不足による執行不能のリスクも回避できます。

　一方、委任者としては、受任者による預り金の使い込みや破産した場合に預り金が返金されないリスクを負います。こうしたリスクを避けるため、受任者は自身の固有財産と分別管理を行うべきです。

　判例（最判平15・6・12民集57・6・563）は、債務整理の委任を受けた弁護士が委任者から債務整理事務の費用に充てるためにあらかじめ交付を受けた金銭を民法649条の定める前払費用に当たると認めた上で、弁護士の預り金口座に係る預金債権は弁護士に帰属すると判断しています。もっとも、この判例の準則は、委任者の債権者が弁護士の預り金口座に係る預金を差し押さえようとした事例についての判断になりますので、受任者が破産したときに委任者からの預り金が破産財団に取り込まれることを当然に肯定したものではありません。この点について、上記判例の補足意見では、受任者である弁護士が破産した場合について、弁護士の預り金を信託財産と捉えた上、受任者である弁護士の固有財産からの独立性を有するとして、倒産隔離の余地を肯定しています。したがって、死後事務委任の受任者が自己の固有財産と死後事務費用として預かった金銭を分別管理することは、受任者として必ず実施すべきことだといえます。

　受任者が前受費用として金銭を預かる場合には、死後事務委任の執行を確実にするため、受任者としては余裕をもって預かりたいところです。もっとも、上記のようなリスクがありますので、過大な金額とならないよう、可能な範囲で死後事務費用を見積もり、見積額を根拠に預り金の額を定めるようにするのがよいでしょう。

(2) 信託による場合

受任者による使い込みのリスクの回避や倒産隔離を実現するには、死後事務費用として預かる金銭を信託することが考えられます。一方で、信託を利用する場合には、信託会社を利用しなければなりません。この場合、毎年信託報酬が発生することから、委任者が長く生きれば生きるほど委任者の負担が多くなってしまいます。

(3) 遺言による場合

委任者に遺言を作成してもらい、死後事務費用を相続財産から支払うよう明記することが考えられます。ただ、遺言による場合は、受任者が相続人間の遺言無効の争いに巻き込まれ、その結果、費用の支払が滞る、支払を受けられないなどのリスクがあります。

(4) 受任者による立替払後精算する場合

受任者による使い込みのリスクや倒産リスクを避けるには、受任者が立替払することが考えられますが、この場合は、受任者が立替払をするのに十分な財産を持っていないと、費用不足で死後事務の執行ができないおそれがあります。

また、受任者が立替払した場合は、被相続人から受任者の地位を引き継いだ相続人へ請求することになります。

受任者は費用を立て替える義務を負いませんので、費用不足による死後事務委任の執行不能リスクがあります。

よって、実務では、受任者による立替払は避けたほうがよいでしょう。

(5) 小 括

いずれの支払方法にも、メリット、デメリットがありますので委任者の資産状況等を踏まえて、当事者でじっくり話合いを行い決定してください。

Q21　預託された死後事務費用を超えた場合は

Ｑ　　死後事務費用の預託を受けていましたが、預託された金銭を超えて死後事務費用が発生してしまいました。相続人に支払ってもらうことはできますか。

Ａ　　預託された死後事務費用を超えて費用が発生した場合、受任者は、相続人又は相続財産管理人に対して、請求することができます。相続人らは、死後事務委任の委任者の地位を相続するからです。相続人らが任意の支払に応じない場合には、費用不足を理由に全ての委任事務を履行できないまま途中解約され、委任者の全ての希望を実現することができなくなります。

解　説

1　死後事務費用の債務者は誰か

　預託された死後事務費用を超えて費用が発生した場合、受任者は相続人又は相続財産管理人に対して請求することができます。相続人らは死後事務委任の委任者の地位を相続するからです。

　相続人がいる場合には、相続人が死後事務費用を負担することになります。

　相続人がいない場合には、相続財産管理人の選任を申し立てます。受任者による相続財産管理人選任の可否はＱ17を参照してください。

2　受任者がすべき対応

　したがって、受任者としては、相続人らに対し、預託された金銭を

超えて発生した死後事務費用の支払を求めることになります。

　受任者が請求しても、相続人らが素直に支払に応じてくれるかは分かりません。相続人らが死後事務委任契約の存在やその内容を知っていれば、任意交渉は円滑に進むかもしれませんが、そうではない場合は、相続人らからすると突然金銭を請求されることになりますので、任意交渉では支払に応じてもらえない可能性が高いといえます。

　任意交渉で支払に応じてもらえない場合には、執行費用の不足を理由に死後事務が全て履行されることなく中途解約され、委任者の全ての希望を実現することができなくなります。受任者が既に死後事務費用を立て替えている場合には、相続人らを相手に裁判をする、相続財産管理人の選任をするなどしなければなりません。

　こうした事態を避けるため、受任者としては、綿密にリサーチを行い、的確に死後事務費用を算定の上、余裕をもった金額を預かっておくのがよいといえます。

Q22　死後事務委任報酬は

Q　死後事務委任報酬をもらう場合、どのように報酬額を決めたらよいのでしょうか。報酬額を決定する際の考慮要素があれば教えてください。

A　死後事務委任の報酬は確立された体系がありません。遺言書の作成・遺言執行の場合を参考に、契約書の作成と死後事務委任の履行の2段階に分けて、それぞれ、経済的利益の額や、事案の複雑性・特殊性などを考慮の上、依頼者との協議により報酬を定めることになります。報酬額の定め方としては、①着手金・報酬金・手数料などを定額で定める方法や、②作業時間に応じて報酬を発生させるタイムチャージが考えられます。

解　説

1　報酬の設定

　死後事務委任契約は、報酬について確立された体系がないのが現状です。弁護士報酬の設定方法を参考にすると、大きく分けて、①着手金・報酬金・手数料などを経済的利益の額や作業量に応じて定める方法、②時給を定めた上作業時間に応じて報酬を発生させるタイムチャージなどがあります。

　死後事務委任における作業を考えますと、①契約書の作成と②委任者死亡後の死後事務の執行の2段階に大きく分けることができます。これに類似する従来の弁護士業務は、遺言書の作成と遺言執行です。遺言の場合には、遺言書の作成費用と遺言執行の2段階に分けて報酬を請求することが一般的でしょうから、死後事務委任においても、①

契約書の作成費用と、②死後事務の執行の2段階に分けて報酬を定めるのがよいと思われます。

2　死後事務委任の契約書の作成費用

弁護士が契約書を作成する場合には、依頼者が得る経済的利益を基準に、作成する契約書が定型か非定型か、特に複雑又は特殊な事情があるか、公正証書にするかしないかなどを基準に、弁護士と依頼者との協議に基づき、報酬金額を定めることが一般的です。死後事務委任契約も契約の一種ですので、こうした考慮要素を参考に金額を定めてください。この場合、報酬の支払時期については、①作成着手時の一括払、②作成終了時の一括払又は③着手時と終了時の分割払などが考えられます。

また、契約書の作成は、作業時間を特定しやすいので、タイムチャージによることも考えられます。この場合は、契約で時間給を定めるとともに、後日の紛争を避けるため、タイムチャージの上限も可能であれば定めた方がよいでしょう。

3　死後事務委任の執行段階

死後事務委任の執行により生じる利益やその執行に要する作業量は、委任事項によって様々な態様があります。遺言執行の報酬は、経済的な利益の額を基準に、特に複雑又は特殊な事情がある場合か否か、遺言執行に裁判手続を要するか否かなどの要素を考慮し、弁護士と受遺者との協議により定める金額とするのが一般的なようです。

死後事務委任の場合、遺言執行における考慮要素を参考に、同様の報酬体系を定めることになるでしょう。この場合、契約において、各委任事項単位で固定額又は報酬金額の計算式を定めるのが適当だと考えられます。

　もっとも、死後事務委任の場合は、遺言執行よりも多様な業務が含まれ、報酬体系が複雑化することが予想されます。そこで、報酬を定めるに当たり委任事項の多様性を捨象して、タイムチャージとすることが考えられます。

　いずれの報酬の定めであっても、精算時期を契約で定めておかないと、業務完了まで支払を受けることはできません（民648②）。死後事務委任の執行が長期に及ぶ場合には、履行割合に応じた精算をできるよう特約を結んだほうがよいでしょう。

Q23　相続発生後の解除等ができるか

 　相続発生後に、死後事務委任契約の委任者の相続人による解除・中途解約又は受任者の地位の辞任（解除）はできますか。

　死後事務委任契約においては、通常、相続人からの解除を制限する旨の特約が定められています。また、特約がない場合であっても、黙示の解除制限特約を認める判例があります。受任者の地位の辞任（解除）については、いつでも可能ですが、特約により解除を制限することも考えられます。なお、相続人に不利な時期に委任の解除をしたときは、受任者は、やむを得ない事由がない限り、相続人に対しその損害を賠償する義務を負います。

　　解　説

1　相続人からの解除の制限

　委任者が亡くなると、相続人等が委任者の地位を承継します（民896）。委任者の死亡は委任の終了事由（民653一）ですが、民法653条1号は任意規定であるとして、反対の特約も許されると一般的に解されています。実務上は、相続人からの解除を制限する特約を定めておくのが通常です。

2　黙示の解除制限特約

　特約がない場合に相続人等が解除できるかについては解釈に争いがありますが、入院中の諸費用の病院への支払、自己の死後の葬式を含む法要の施行とその費用の支払、入院中に世話になった家政婦や友人

に対する応分の謝礼金の支払を依頼する死後委任契約は、「当然に、委任者の死亡によつても右契約を終了させない旨の合意を包含する趣旨のものというべく、民法653条の法意がかかる合意の効力を否定するものでない」とした判例があります（最判平4・9・22金法1358・55）。

　また、東京高裁平成21年12月21日判決（判時2073・32）は、死後事務委任契約について、「その契約内容が不明確又は実現困難であったり、委任者の地位を承継した者にとって履行負担が加重であるなど契約を履行させることが不合理と認められる特段の事情がない限り、委任者の地位の承継者が委任契約を解除して終了させることを許さない合意をも包含する趣旨と解することが相当である」として、黙示の解除制限特約を認定した上で、例外的に相続人からの解除が認められる「特段の事情」を例示しています。

　もちろん、受任者に債務不履行などの事由があれば相当期間を定めて催告した上で解除することが可能です（民541）。条項の定め方については後記の条項例を参照してください。

3　受任者の地位の辞任

　受任者の地位の辞任（委任契約の解除）は、いつでも可能ですが（民651①）、特約により解除を制限することも考えられます。委任者の意向をよく聞き取った上で、特約の要否を検討すべきでしょう。なお、相続人に不利な時期に委任の解除をしたとき（民651②一）は、受任者は、相続人に対しその損害を賠償する義務を負います。ただし、やむを得ない事由があったときはこの限りではありません（民651②ただし書）。解除の可否については相続前の解除と同じですので、Q14を参照してください。

4　解除の遡及効の制限

　委任契約の解除については、その効力は将来に向かってのみ生じます（民652・620）。遡及効はありません。

条 項 例

（委任者の死亡における本契約の効力）

第X条　甲が死亡した場合においても、本契約は終了せず、甲の相続人は、委任者である甲の本契約上の権利義務を承継するものとする。

2　前項の場合において、甲の相続人は、第Y条各号記載の事由がある場合を除き、本契約を解除することはできない。

（契約の解除）

第Y条　甲又は乙は、甲の生存中、次の事由が生じたときは、本契約を解除することができる。

①〜③　〔省略〕

④　甲に本契約に違反する行為があり、相当の期間を定めて催告したにもかかわらず是正されないとき

⑤　〔以下略〕

〔ポイント〕

1　第X条2項は相続人からの解除を禁止する特約の例です。一方、受任者に債務不履行があれば相続人からの解除も可能なので、第Y条（甲の生存中の契約解除）に列挙される解除事由は、第X条2項において甲の相続人にとっての解除事由にもなるという形式にしてあります。詳しくはQ24を参照してください。

2　第Y条④は一般的な委任者の債務不履行による受任者からの解除の条項ですが、解除の範囲をより制限する特約を入れることも考えられます。

Q24　相続人の意向に反する死後事務委任は

Q　　死後事務委任契約の委任内容が、相続人の意向に反する場合、相続人は委任契約を解除できますか。

A　　Q23で解説したとおり、相続人からの解除を制限する旨の特約があったり、黙示の解除制限特約が認められる場合には、相続人が委任契約を解除することはできません。ただし、特段の事情がある場合には、例外的に相続人からの契約解除、あるいは契約自体の無効主張の可能性があると考えられます。

解　説

1　相続人からの解除若しくは無効主張が可能な場合

　死後事務委任契約に相続人の解除制限特約条項が付されていたり、黙示の解除制限特約が認められる場合には、相続人が委任契約を解除することはできません。ただし、Q23で解説したとおり、東京高裁平成21年12月21日判決（判時2073・32）は、死後事務委任契約について、「その契約内容が不明確又は実現困難であったり、委任者の地位を承継した者にとって履行負担が加重であるなど契約を履行させることが不合理と認められる特段の事情」がある場合には、相続人からの解除が認められる余地があると判示しています。

　上記高裁判決は、黙示の解除制限特約を否定すべき特段の事情の例として「契約内容が不明確又は実現困難」、「（相続人にとって）履行負担が加重」な場合を挙げていますが、その趣旨からすると、仮に相続人の解除制限特約が付されている場合であっても、契約自体の無効主張の可能性があると考えられます（冷水登紀代「死後事務委任契約の限界」月報司法書士526号19頁（2015））。

2　受任者の債務不履行等

　もちろん、受任者は善管注意義務を負っており（民644）、また、委任契約が当事者間の信頼関係に基礎を置くものであることからすると、受任者において善管注意義務違反や信頼関係を破壊する行為があったときは、相続人からの契約解除は可能と解されます。また、受任者が健康を害して死後事務の処理が困難になったときも同様でしょう。紛争を避けるため、契約書において、このような場合の解除についても定めておく方がよいと思われます。なお、債務不履行解除の場合は、原則として、相当期間を定めて催告したにもかかわらず是正されないことが解除の要件となります（民541）。

条項例

（委任者の死亡における本契約の効力）

第Ｘ条　〔省略〕

2　前項の場合において、甲の相続人は、第Ｙ条各号記載の事由がある場合を除き、本契約を解除することはできない。

（契約の解除）

第Ｙ条　甲又は乙は、甲の生存中、次の事由が生じたときは、本契約を解除することができる。

①　乙が本件死後事務を処理するに当たり善良なる管理者の注意義務を怠り、相当の期間を定めて催告したにもかかわらず是正されないとき

②　乙が甲からの預託金を費消するなど信頼関係を破壊する行為をしたとき

③　乙が健康を害し本件死後事務を処理することが困難な状態になったとき

④ 甲に本契約に違反する行為があり、相当の期間を定めて催告したにもかかわらず是正されないとき

⑤ 〔以下略〕

〔ポイント〕

1 第Y条は甲の生存中に関する条項ですが、そこに列挙された解除事由は、第X条2項において甲の相続人にとっての解除事由にもなるという形式にしてあります。

2 第Y条①は一般的な債務不履行解除の例、②と③は信頼関係破壊等無催告で解除できる場合の例です。④はQ23で解説した受任者からの一般的な債務不履行解除の例です。

Q25　委任事務が遂行不能の場合の処理は

Q　　委任事務が客観的に遂行不能となった場合の処理は、どうすればよいですか。

A　　委任事務が遂行不能となったときは、委任者（その相続人）は解除が可能です（民542①一・②一）。その場合には、相続人等に対し速やかに当該事務を引き継ぐ必要があります。ただし、客観的に遂行不能であるか否かについては判断が難しい場合もあるので、そのようなことが生じないよう、委任契約の際に、委任事務の相手方に対し当該事務の遂行可能性を確認しておく必要があります。なお、委任事務の遂行不能の場合には、受任者の帰責事由を問わず、既に行った履行の割合に応じて、委任者に報酬を請求できます（民648③）。

解　説

1　委任事務の遂行不能

例えば、委任者死亡後の預金の払戻しや振込の事務は、死後事務委任契約を締結していても、金融機関によっては対応してもらえないこともあります。その場合は、委任事務は遂行不能となり、委任者（その相続人）は解除が可能です（民542①一・②一）。解除になると、受任者は相続人や相続財産管理人に対応を引き継ぐ必要があります。

ただし、客観的に遂行不能か否か判断が難しい場合もあります。東京高裁平成21年12月21日判決（判時2073・32）では、死後事務としての永代供養を受任者である僧侶に委任した高齢者が、別の僧侶（甥）を葬儀及び祭祀主催者とする遺言を作成していた場合について、「遺言が

作成されたことのみをもって、(死後委任事務としての永代供養が) 社
会通念上履行不能又は後発的不能となったとはいえない」と判示して
います。

　いずれにしても、委任事務の遂行不能という事態が生じないよう、
契約の前に金融機関その他委任事務の相手方に遂行可能性を確認して
おく必要があると思われます (Q13参照)。

2　不能事務の処理の引継ぎ

　遂行不能が明らかになったら、当該事務については委任を終了させ、
委任事務を相続人等に引き継ぐ必要があります。引継ぎの内容を明確
にして以後のトラブルを避けるためにも、相続人等の間で書面を取り
交わすなどして引き継いだ委任事務を明確にし、後述の履行割合に応
じた報酬の額についても取り決めておくべきでしょう。

3　履行の割合に応じた報酬

　委任事務の遂行不能の場合には、受任者の帰責事由を問わず、既に
行った履行の割合に応じて、委任者に報酬を請求できます (民648③)。
その割合を客観的に定めることは容易ではないですが、相続人等とよ
く協議して、あらかじめ定めた報酬に占める不能事務の割合、預託さ
れた事務費用から返金を要する額の割合等を取り決めておくべきでし
ょう (Q20~22参照)。

Q26　委任者（被相続人）の資産不足は

Q　委任者（被相続人）の資産不足のために、履行不能となった場合はどうしたらよいですか。

A　客観的には履行可能であっても、委任契約時の預託金が不足し、不足分を相続人等から支払ってもらうことができない場合は、履行不能と判断せざるを得ません。そのようなことがないよう、契約時に受任事務の内容と必要な費用を十分に検討しておく必要があるでしょう。また、そもそも、死後委任事務に関する費用が過大であると、委任者のライフプランを阻害したり相続人に過大な影響を与えることになるので、慎重な検討が必要です。

解　説

1　委任者（被相続人）の資産不足

　死後事務委任契約においては、原則として、委任者の現有資産の中から死後事務の執行費用を準備してもらう必要があります。その金額は、数百万円に上ることもあります。しかし、委任者の年齢によっては、受任してから死後事務を履行するまで相当の期間が経過する可能性もあるので、委任者の資産不足により委任事務が履行不能となることがあり得ます。

　そこで、死後事務の執行費用を保全するため、契約時に預託金を設定する方法、信託会社を利用する方法などが考えられます（Q20参照）。そのような手当がない場合は、不足分を相続人や相続財産管理人から支払ってもらうよう交渉することになります（Q21参照）。

　そのような保全措置がなく、不足分の支払もない場合には、委任事務は履行不能と考えざるを得ず、Q25で解説したように、相続人等との間で、不能な委任事務の引継ぎや、履行不能となった部分の報酬の割合などについて取り決める等の対応をする必要があります。

2　委任者のライフプランや相続人との関係

　例えば、資産が数百万円の委任者について、その大半を占めるような死後事務の執行費用が生じるとすると、残りの人生において費消できる金額が少なくなり、委任者のライフプランを阻害することになりかねません。

　一方、相続人にとっても、委任者（被相続人）が資産の額からみて過大な死後事務の負担を約していた場合、相続財産が大幅に減少するなどの影響を受けることになります。Q24で解説した、東京高裁平成21年12月21日判決（判時2073・32）も、黙示の解除制限特約を否定すべき特段の事情の例として「（相続人にとって）履行負担が加重」な場合を上げています。また、学説には、相続人の生活保障を侵害してでも委任者（被相続人）の意思を優先させるという自由を委任者に保証する必要があるのか疑問を呈する見解もあることからすると（冷水登紀代「死後事務委任契約の限界」月報司法書士526号22頁（2015））、遺留分を侵害する可能性のある死後事務委任契約については慎重であるべきでしょう。

　このように、死後事務委任契約締結に当たっては、委任者の資産と執行費用の関係、相続人に与える影響等を考慮しながら検討する必要があります。

第 2 章

・・・・・・・・・・・・・・・・・・・・・・・・・・・・・・

モデル契約書

84

〔死後事務委任契約のモデル契約書〕

　以下の内容は、死後事務委任契約としてどのような内容を設定するかによって設けるべき条項等が異なってきます。あくまで参考例ですのでご注意ください。

死後事務委任契約書

　○○（委任者：以下「甲」という。）と△△（受任者：以下「乙」という。）は、甲の死亡後の事務について以下のとおり死後事務委任契約（以下「本契約」という。）を締結する。

（死後事務の委任）（※1）

第1条　甲は、本日、甲の死亡後における事務を乙に委任し、乙はこれを引き受ける。

（委任事項）（※2）

第2条　前条に基づき、甲が乙に対し委任する事務（以下「本件死後事務」という。）は以下のとおりとし、その事務遂行の詳細を定める必要があるときは本契約各条項の定めによる。ただし、委任事務の内容及び詳細等につき甲乙間で別途書面をもって定めることができる。

①　関係者に対する甲死亡の連絡

②　葬儀、納骨、埋葬、永代供養

③　三回忌法要に関する事務

④　ペットの引渡し等に関する事務

⑤　医療費、入院費用等その他施設利用料等の精算

⑥　電気、ガス、水道等の公共サービスの料金精算及び解約

⑦　家財道具、生活用品の引渡し又は処分

⑧　行政官庁等への諸届出

⑨　相続人不存在の場合の相続財産管理人選任申立て（※3）

⑩　上記各事務に関する費用支払

2　乙は本件死後事務の遂行のため復代理人を選任することができ、甲はこれを承諾する。

（受任者の善管注意義務と委任者の協力義務）（※4）

第3条　乙は、善良なる管理者の注意義務をもって本件死後事務を処理しなければならない。

2　甲は、乙が本件死後事務を円滑に遂行するため必要な準備を誠実に行わなければならない。

（関係者に対する連絡）（※5）

第4条　乙は、甲の死亡を知ったときは、速やかに、甲が別途書面をもって指定する者に対し適宜の方法をもって甲死亡の事実を連絡しなければならない。

（葬儀）（※6）

第5条　甲の葬儀は以下の寺院に依頼するものとする。

寺院名　○○寺

所在地　○○県○○市○○町○丁目○番○号

連絡先　○○○－○○○－○○○○

2　葬儀に要する費用は金○円を上限とする。

（納骨、埋葬、永代供養）（※6）

第6条　甲の納骨、埋葬及び永代供養は次の場所で行うものとする。

場　所　○○○

所在地　○○県○○市○○町○丁目○番○号

連絡先　○○○－○○○－○○○○

2　永代供養に関する事務は、前項の場所に依頼することをもって終了する。

3　納骨、埋葬及び永代供養に要する費用は金〇円を上限とする。

（三回忌法要）（※7）

第7条　甲の三回忌法要は次の場所で行うものとする。

　　場　所　〇〇〇

　　所在地　〇〇県〇〇市〇〇町〇丁目〇番〇号

　　連絡先　〇〇〇－〇〇〇－〇〇〇〇

2　乙は、三回忌法要が終了した後、速やかに、甲の相続人、親族その他甲の指定する者に対して、以後の法要の実施に必要な引継ぎを行うものとする。

3　三回忌法要に要する費用は金〇円を上限とする。

（ペットの引渡し等）（※8）

第8条　乙は、甲の死亡後、甲の所有するペット（別紙記載※別紙は省略）について、以下の施設に対し飼育を依頼し、引き渡すものとする。

　　名　称　〇〇〇〇

　　所在地　〇〇県〇〇市〇〇町〇丁目〇番〇号

　　連絡先　〇〇〇－〇〇〇－〇〇〇〇

2　前項の施設がペットの飼育、引取りを拒否した場合は、乙において、適宜の施設を選択の上、ペットの飼育を依頼し、引き渡すことができる。

3　前2項に定める施設がペットの飼育を引き受けた場合、乙は、当該施設に対し、ペットの飼育に要する費用を第13条（受任者に対する費用等の預託）の預託金から支払うことができる。

4　乙は、第1項又は第2項に定める施設によるペットの飼育状況を、年〇回の頻度で確認しなければならない。

（公共サービスの料金精算及び解約）（※9）

第9条　甲は、乙に対し、甲が契約者である公共サービスの料金

精算及び解約手続の履行のため、適宜の方法により、精算・解約すべき公共サービスの契約を特定するための情報を提供するものとする。

2　前項の情報に変更があったときは、甲は、乙に対し、速やかに変更後の情報を提供しなければならない。

3　本契約に基づき乙が受任者として解約手続をとったにもかかわらず、当該公共サービス提供者が解約に応じない場合は、乙は、解約を行うことができないことにより生ずる損害につき責を負わないものとする。

（家財道具、生活用品の引渡し又は処分）（※10）

第10条　乙は、甲の死亡後、甲の居宅内の家財道具及び生活用品その他の動産（以下「動産類」という。）を甲の相続人又は遺言執行者に引き渡すものとする。

2　前項の者が動産類の受領を拒否したときは、乙は、当該引渡しができなかった動産類を適宜の方法で処分、廃棄することができる。

3　前項の動産類処分の対価として取得した金銭があるときは、乙は、これを乙の財産と分別して保管しなければならない。

4　乙は、第2項の動産類処分のため支払った費用があるときは、第13条（受任者に対する費用等の預託）第5項の定めによるほか、前項の金銭からその支払を受けることができる。

（行政官庁等への諸届出）（※11）

第11条　乙は、甲の死亡後、行政官庁等に対し、甲の死亡について以下の諸届出を行うものとする。

①　年金事務所への届出

②　マイナンバーカードの返還

③　健康保険証の返却及び資格喪失届の提出

④　その他必要書類等の提出又は返還等一切の事務

（費用の負担）（※12）

第12条　本件死後事務遂行に要する費用は甲の負担とする。

（受任者に対する費用等の預託）（※13）

第13条　甲は、本件死後事務のための費用又は乙の報酬の支払に充てるため、本契約締結時に、金〇円を乙に預託する（以下、「預託金」という。）。

2　乙は、預託金を乙の財産と分別して管理しなければならない。

3　乙は、預託金について預り証を発行する。

4　預託金には利息を付さない。

5　乙は、本件死後事務（甲の相続開始前に行うべき事務がある場合を含む。）を行うに当たり必要な費用を都度預託金から支払うことができる。

6　乙は、預託金に不足が生じ、又は不足することが見込まれる場合には、甲に対し不足又は不足が見込まれる額の追加預託を請求することができる。

7　乙は、本条による預託金の預託又は追加預託があるまで本件死後事務の処理を中止することができる。

（報告義務）（※14）

第14条　乙は、甲に対し、本契約締結後〇か月ごとに本契約に基づく預託金の保管状況を書面により報告しなければならない。

2　乙は、本件死後事務に着手したときは、甲の相続人又は遺言執行者に対し、死後事務に着手した旨を報告し、以後、〇か月ごとに死後事務の処理状況を報告しなければならない。

3　本契約が本件死後事務終了その他の事由により終了した場合の報告については、第20条（本契約終了後の事務）の定めによる。

（報酬）（※15）

第15条　甲は、乙に対し、本件死後事務の報酬として金○円（消費税別）を支払う。

2　乙は、本件死後事務終了後、預託金からその支払を受けることができる。

3　前項の定めにかかわらず、乙は、以下の事由があるときは、本件死後事務につき既に履行した割合に応じて報酬を請求することができる。

①　乙の責に帰することができない事由により本件死後事務の履行をすることができなくなったとき

②　本件死後事務が履行の中途で終了したとき

（委任者による解除）（※16）

第16条　甲は、○日前までに乙に対する書面による通知を行うことにより、本契約を解除することできる。ただし、甲は、やむを得ない場合を除き、解除によって乙に生じた損害を賠償しなければならない。

2　甲は、下記各号に定める場合は、乙に対する書面による通知をもって、直ちに本契約を解除することができる。

①　乙がその心身の故障その他の事由により本件死後事務を行うことが不可能又は著しく困難であるとき

②　乙による本契約違反があり、相当の期間を定めて催告したにもかかわらず是正されないとき

③　乙による本契約違反があり、その程度が重大であるとき

（受任者による解除）（※17）

第17条　乙は、甲が本契約に違反し、乙が相当の期間を定めて催告をしたにもかかわらず是正されないときは、本契約を解除することができる。

2　乙は、やむを得ない事由があるときは、甲に対する○日前の書面による通知をもって本契約を解除することができる。

3　前2項の規定にかかわらず、乙は、下記各事由があるときは、直ちに本契約を解除することができる。

①　乙の心身の故障等の事由により乙が本件死後事務を行うことが不可能又は著しく困難であるとき

②　甲に本契約違反があり、その程度が重大であるとき

③　本件死後事務の遂行が乙の責に帰することのできない事由により不能となったとき

（委任者死亡の場合の本契約の効力）（※18）

第18条　本契約は、甲が死亡したときであっても終了しない。

2　甲死亡後、本契約に基づく甲の権利義務は甲の相続人が承継する。

3　前項にかかわらず、甲の相続人は、第16条（委任者による解除）第2項各号に定める場合を除き、本契約を解除することができない。

（本契約の終了事由）（※19）

第19条　下記各号に定める事由が生じたときは、本契約は終了する。

①　本件死後事務全部が終了したとき

②　乙につき成年後見、保佐又は補助開始若しくは任意後見監督人選任の審判があったとき

③　乙につき破産手続開始の決定があったとき

④　乙が死亡したとき

（本契約終了後の事務）（※20）

第20条　乙は、本契約終了後、遅滞なく預託金を精算しなければならない。

2　乙は、前項の精算の結果、預託金が本件死後事務費用及び報
　酬に不足を生ずる場合には、甲の相続人又は遺言執行者に対し、
　その不足額の支払を請求することができる。

3　乙は、本件死後事務の処理に当たり保管する金銭、動産、証
　券等があるときは、本契約終了後、遅滞なく、甲の相続人又は
　遺言執行者に引き渡さなければならない。

4　第2項の規定にかかわらず、乙は、前項により保管する金銭が
　あるときは、乙の本件死後事務処理費用及び報酬不足分に当然
　充当することができる。

5　乙は、本件死後事務終了後○か月以内に、甲の相続人又は遺
　言執行者に対し、下記各事項について書面をもって報告しなけ
　ればならない。

　①　本件死後事務処理として乙が行った措置とその内容

　②　本件死後事務処理のため支出した費用の額及び内訳

　③　本契約に基づく報酬額及びその収受の状況

　④　預託金の保管状況及び精算結果

　⑤　本契約に基づき保管した動産類の状況

6　甲の生存中に本契約が終了した場合は、本条に基づく返還及
　び報告は甲に対して行うものとする。

（遺言との関係）（※21）

第21条　本件死後事務に関し、甲作成の遺言がある場合は、本契
　約の定めにかかわらず、その遺言の定めによるものとする。

（監督者）（※22）

第22条　甲は、本契約の適正な履行を監督するため、乙の本件死
　後事務処理の監督者（以下「監督者」という。）として以下の者
　を指定する。

　氏　　名　弁護士　○○○○（○○弁護士会所属　登録番号○○
　　　　　　　　　　　○○）

2　乙は、第14条（報告義務）及び第20条（本契約終了後の事務）
に基づく報告を監督者に対しても行わなければならない。

3　監督者は、必要に応じ、乙に対し、本件死後事務処理の状況
又は預託金の管理の状況の報告を求めることができる。

4　監督者は、乙につき第16条（委任者による解除）第2項に定め
る事由があると認めるときは、甲の相続人に対し、その旨を通
知しなければならない。

5　監督者の報酬、費用その他甲と監督者間の権利義務について
は、甲と監督者において別途定めるところによる。

（守秘義務）

第23条　乙は、本契約によって知った甲の秘密を正当な理由なく
第三者に漏洩してはならない。

（契約の変更その他協議）（※23）

第24条　甲及び乙は、甲の生存中、いつでも本契約の変更を求め
ることができる。

2　前項による変更の申出があった場合その他本契約に定めのな
い事項が生じた場合は、甲乙協議により決する。

（裁判管轄）

第25条　本契約に関する甲又は甲の相続人等と乙との間の紛争に
ついては、○○地方裁判所を第一審の専属的管轄裁判所とする。

〈死後事務委任契約書に関する補注〉

（※1）　死後事務委任契約を締結する趣旨等を記載する場合が考えられま
すが、本例では単に委任をしたことのみの条項としています。

（※2）　委任事項を列挙してまとめ、処理すべき事務の内容詳細について
は契約書の個別条項に定め、また、必要に応じ別途書面による内容
決定を行うようにしています。個別条項の規定の仕方も様々な内容
が考えられます。本書にて示された条項例等も参照しつつ、事案に
応じ適切と考えられる条項を設定する必要があります。

　　本例では、本条1項各号で列挙した委任事務に関し、必要に応じて個別規定を置いています（第4条から第11条まで）。

（※3）　相続人不存在の場合に相続財産管理人選任申立てを行うことを想定したものです。なお、相続開始後、相続放棄等により相続人不存在となる場合が考えられるため、相続開始前に推定相続人が存在する場合でも、この点を記載する余地はあると考えられます。

（※4）　受任者が善管注意義務を負うこと等を注意的に定めたものです。

（※5）　本例では委任者が別途書面で連絡すべき先を定める内容としています。そのほか、本条で具体的に氏名や連絡方法を明示する方法も考えられます。→ケース２参照

（※6）　葬儀、納骨、埋葬方法及び永代供養について具体的内容を定めるものです。なお、本例では、墓の返還を委任事務の対象としない内容としています。→ケース４・５・７・８参照

（※7）　法要について三回忌に限り委任事務の対象とするものです。→ケース６参照

（※8）　ペットについて、委任者死亡後、施設に対する飼育の依頼及び引渡し並びに施設引渡後の状況確認を委任事務の内容とする規定です。ペットは、①種類、②雌雄の区別、③年齢、④名前及び生年月日等で特定することが考えられます。本例では、ペットの特定情報は別紙に記載する内容としていますが、別紙を用いず条文で明記する方法も考えられます。なお、対象となるペットによっては長期間生存するような場合も考えられます。そのような場合は、状況確認を求める期間に終期を設けるなどして委任事務の長期化を防止することを検討する必要があります。→ケース10参照

（※9）　甲が契約者となっている各種公共サービスについて、甲死亡後の料金精算及びサービスの解約を委任事務の対象とし、乙による精算・解約手続の履行を行うための情報提供につき定めを置くものです。

　　なお、本条のように公共サービスの解約を委任事務に含める例はよく見られるところですが、現状において、死後事務受任者の立場

で公共サービスの解約手続をとった場合にサービス提供者が解約に応じるかどうかは必ずしも明確ではありません。死後事務受任者として解約を行うことができない場合には、引き続き当該公共サービスの料金が発生し続けることとなります。このようなリスクがあることを委任者にも説明し、受任者が手続をとったにもかかわらずサービス提供者が解約に応じない場合に生ずる損害については受任者が責任を負わない旨を特に定めておくことが無難であると思われます。

　なお、携帯電話やインターネットプロバイダ契約等の解約についても同様の問題があります。→ケース13・19・20参照

（※10）　委任者の家財道具や生活用品の処理について具体的内容を定めるものです。委任者の所有物は相続財産として相続人に承継される関係上、その処分を委任事務とする場合には、その内容について慎重に検討する必要があると考えられます。本例は、家財道具や生活用品等の動産類についても、まずは相続人又は遺言執行者への引渡しを試みるものとし、拒否された場合に初めて適宜の処分を可能とする内容としています。また、相続人等が引取りを断るような動産類は、通常、処分に当たり費用超過となることが想定されますが、場合によっては対価として金銭が得られることも考えられ、それが費用を上回る可能性もあります。そこで、そのような場合に処分の対価から費用を支払うことを認める定めも置いています。→ケース15参照

　なお、動産類の処分に関連して、委任者の使っていたパソコン内のデータ削除を依頼されることも考えられます。→ケース21参照

（※11）　行政官庁等への諸届出について具体的内容を定めておくものです。第4条などと同様に、委任者が別途書面で指定しておく方法も考えられます。なお、現行法上、死後事務受任者の地位にあるというだけでは委任者の死亡の届出をすることはできませんので注意を要します（戸籍87）。→ケース1・12参照

（※12）　死後事務の遂行に要する費用は委任者が負担する旨を明確にする

趣旨の規定です。本例では、委任事務に関する個別条項には費用負担の定めを特に置いていませんが、委任事務によっては、当該委任事務の内容を定める個別条項にも費用に関する定めを置いておくことも考えられます。

（※13）　死後事務委任に当たり費用等のための金員の預託を行う場合の条項例です。本例では、費用と報酬のための金員を受任者に預ける内容としています。

　　　　なお、預託金に残余が生じた場合にその残余金を全部報酬とする定めを置くことも考えられないわけではありませんが、残余金が高額となるような場合などでは相続人とのトラブルの原因となるリスクが高いと考えられますので、そのような定めを置くことは避けておくべきでしょう。

（※14）　報告義務を定める条項です。

　　　　1項は甲存命中の報告を想定しており、2項は相続開始後の報告を規定しています。

　　　　また、相続人多数の場合を想定して、着手報告や事務終了時の返金先を特定の相続人に指定することも考えられます。

　　　　なお、相続人が不存在のため相続財産管理人が選任された場合は、相続人に対する報告等は、相続財産管理人に対して行うことになります。

（※15）　報酬に関する条項です。

　　　　本例では死後事務全部が終了したときに報酬請求権の支払期限が到来することを原則とした内容としています。また、委任が中途終了した場合の割合的報酬についても民法648条3項の内容を注意的に記載しています。

　　　　このほか、個々の委任事務完了ごとにそれに見合った報酬を定めておく方法や、一定時期ごとに定額の報酬を与えることも考えられます。

（※16）　委任者からの解除規定です。

　　　　1項は、委任者存命中の解除を定めるものです。本例では、民法

651条1項及び2項を参考にして任意の解除権を維持しつつ、やむを得ない事由がない場合の損害賠償につき定めをおく形にしています。ただし書は民法の定めによることとして規定を置かない対応も考えられます。

　また、2項各号は、相続開始後の相続人等による解除事由にもなります。

（※17）　受任者からの解除規定です。

　受任者からの解除については、民法651条1項と異なり、解除権に制約を設ける内容としています。また、3項各号は、委任事務の遂行が不能となった場合等の受任者からの解除権を設けたものです。ただし、委任事務が複数存在する場合の取扱いなども含め、規定をどのようにするかについては慎重な検討が必要となるものと思われます。

（※18）　相続開始後の解除等を定める規定です。

　1項は、委任者の死亡が契約終了事由とならないことを明示するもので、民法653条1号を排除する特約であり、死後事務委任契約を締結するに当たり重要な意味を持ちます。

　2項は、1項の帰結を注意的に規定するものです。

　3項は、死後事務委任の趣旨を損なわないよう、相続人による解除を制約することを意味する条項です。

（※19）　死後事務委任契約の当然終了事由を示す条項です。

（※20）　契約終了後受任者が行うべき内容をまとめた条項です。

　原則として相続人（遺言執行者等）との関係の定めとなりますが、委任者存命中の解除による終了もあり得るため、そのことを想定した条項としています。また、委任事務処理を通じて保管することとなった金銭を報酬不足分などに当然充当できる旨の規定も併せて置いています。

（※21）　遺言と抵触する場合は遺言が優先となる旨の条項です。

　このほか、任意後見契約や財産管理契約等が締結されている場合の相互の関係を条項化しておく必要がある場合があります。

（※22）　死後事務委任につき監督者を置く場合の一例です。

　　　本例における監督者は、事務の報告先となること、解除事由がある場合には相続人に通知することを職務とするにとどめており、事務遂行に対する同意権限や契約解除権限までは付与していません。

　　　また、監督者が行う監督事務も死後事務委任の一種と考えられますので、報酬等の取り決めは別途定める内容としています。場合によっては、監督者の費用、報酬の支払等も本件死後事務委任の事務内容とすることも考えられます。

（※23）　委任者存命中の契約内容変更と、疑義がある場合等の協議による解決を一括して規定しました。

第 3 章

ケース・スタディ

100

ケース1　死亡届の提出を委託したい

　　委任者から、自分が死んだ後は、死亡届の提出をしてほしいとの希望を受けました。死後事務受任者として死亡届を提出することはできるのでしょうか。

解　説

1　死亡届とは

　死亡届とは、人が死亡した場合に死亡の年月日、時分及び場所などを死亡者の死亡地（戸籍88）、本籍地又は届出人の所在地（戸籍25）の役所に届け出るもので、届出の際には死亡診断書又は死体検案書を添付することになっています。死亡届の用紙は、通常死亡診断書と一体となっており、病院や役所に備え置かれています。死亡届の提出は、死亡の事実を知った日から7日以内（国外で死亡の場合には死亡の事実を知った日から3か月以内）に役所に届け出る必要があります（戸籍86）。

2　死亡届の届出ができる者

　死亡届は、戸籍法上、同居の親族、その他の同居者、家主、地主又は家屋若しくは土地の管理人には届出義務が定められています。同居の親族以外の親族、後見人、保佐人、補助人、任意後見人及び任意後見受任者も死亡届を提出することができます（戸籍87）。

　上記は限定列挙と考えられており、死亡届も上記届出人のいずれかにチェックをする方式となっているため、受任者が上記いずれの立場にも該当しない場合には、死亡届の提出のみを死後事務として依頼されていたとしても届出人となることはできません。なお、従前、任意

後見受任者の立場では死亡届を提出できませんでしたが、令和元年法律第17号による戸籍法改正により任意後見受任者も死亡届を提出できることになりました。

　したがって、死亡届の提出を受任者が自ら行うとすれば、委任者との間で任意後見契約を締結しておけば、生前に任意後見監督人が家庭裁判所により選任され、任意後見が開始している場合には任意後見人として、そうでない場合でも任意後見受任者としての立場で死亡届の提出が可能になります。

条　項　例	（受任者に戸籍法上の届出資格がある場合）

（委任事務の範囲）

第〇条　甲は、乙に対し、甲の死亡後における次の事務を委任する。

　①　死亡届の提出

　②　〔以下略〕

〔ポイント〕

　委任者より死後の死亡届の提出の依頼を受けたとしても、任意後見契約締結が未了であるなど、受任者が戸籍法で認められた死亡届の届出人でない場合には、受任者自ら死亡届の提出はできませんので、届出ができる親族又は家主等に委任者の死亡の事実を伝え、死亡届の提出を促す必要があります。

ケース２　死亡の事実を友人に連絡してほしい

 委任者から、自分が死んだ後は、友人に死亡の事実を連絡してほしいとの希望を受けました。また、相続人には連絡をしないでほしいと希望がある場合はどうでしょうか。

解　説

1　死亡の事実の連絡

　委任者から、自分の死亡の事実を友人に連絡してほしいという希望を受けた場合、死後事務委任契約の委任事務として、受任者は連絡対象者に委任者の死亡の事実を伝えることになります。

　死亡の事実の連絡は、死後速やかに行うことが要請されますので、委任者が危篤状態又は死亡したらすぐに受任者に連絡が来るように、委任者に万が一のことがあった場合には、受任者に連絡をするように委任者本人から病院に伝えておいてもらう、又は、委任者と受任者との死後事務委任契約の存在を病院側にあらかじめ伝えておくなど事前準備しておく必要があります。また、受任者としては、死亡の事実の連絡の委任を受ける際に、連絡対象者の連絡先（電話番号、メールアドレス、住所）を委任者から聞き、事前にリストを作成しておくと連絡事務がスムーズになります。

　死亡の事実の連絡は、緊急を要するので、まずは、対象者に対し、電話連絡又は電子メール等での早期の連絡を試み、それでも連絡がつかない場合には、手紙を郵送する方法を併用するとよいでしょう。

2　相続人には連絡をしないでほしいと依頼された場合

　委任者が相続人とは仲が悪いので葬式に来てほしくないなどの理由

で、死亡の事実を相続人に伝えないでほしいという依頼をされる場合
があります。

　死亡の事実を相続人に知らせてほしくないという委任者の希望があ
ったとしても、委任者の死亡後、委任者の地位は相続人に引き継がれ
（民896）、受任者は、事務処理終了後遅滞なく経過及び結果を報告する
義務（民645）や委任事務に伴い受領した金銭その他の物の引渡義務（民
646①）等を相続人に対して負います。また、受任者が委任者の住居に
おける家財の処分や、賃借している住居の退去の手続について死後事
務委任を受けているような場合には、死亡の事実を伝えずに家財の処
分などをすると、相続財産を取得することになる相続人との間でトラ
ブルが生じる可能性が高いといえます。

　委任者が遺言を遺している場合には、遺言執行者が就職を承諾し、
任務を開始した場合には、遺言執行者は相続人に対し、遅滞なく遺言
の内容を通知する義務がありますので（民1007②）、相続人は遺言執行
者からの連絡により、委任者の死亡の事実を知ることになります。

　したがって、委任者が自らの死亡を相続人に知らせたくないという
希望を有している場合でも、相続人に連絡しない旨の条項を入れるの
は差し控えるべきです。また、必要であれば、契約内容に死亡時に連
絡を取るべき推定相続人を指定しておくこともよいでしょう。

条 項 例

（委任事務の範囲）
第〇条　甲は、乙に対し、甲の死亡後における次の事務を委任す
　る。
　①　〔省略〕
　②　甲の死亡の事実を別紙リストに定める者に連絡すること
　③　〔以下略〕

（死亡の事実の連絡方法）

第○条　第○条②の死亡の事実の連絡は、甲の死後速やかに電話
又は電子メール送信の方法により行う。対象者への連絡がつか
ない場合には、乙は郵送の方法により甲の死亡の事実の連絡を
行う。

〔ポイント〕

　委任者から死亡の事実の連絡を友人にしてほしいと依頼をされ、委任者の死後、受任者が友人に死亡の連絡をした場合に、単に死亡の事実を伝えるだけでは済まないことも多いと考えられます。

　例えば、死亡の日時場所に限らず、死亡原因（傷病名）、死亡の連絡の際に葬儀が決まっている場合には葬儀の日程、葬儀場の連絡先などを質問されることが考えられます。

　したがって、死亡の事実の連絡事務の委任を受ける際に、それらの事項を友人に連絡してよいのか否かについて、明確に取り決めておくことが望ましいでしょう。

ケース3　献体に出してほしい。また、臓器提供の手続を取ってほしい

　　　　委任者から、自分が死んだ後は、医学発展のために、自分の身体を役立ててほしいとの希望を受けました。委任者の希望をかなえるために必要な事項について教えてください。また、臓器提供の手続を取ってほしいとの希望の場合はどうでしょうか。

　解　説

1　献体とは

　献体とは自己の身体を死後、医学又は歯学の教育として行われる身体の正常な構造を明らかにするための解剖の解剖体として提供することをいいます（献体法2）。

2　献体の登録

　委任者が献体を望む場合には、生前に献体登録をしておく必要があります。委任者が献体の登録を行っていない場合は、委任者から献体を希望する大学又はこれに関連する献体篤志家団体に氏名等の登録申込手続をしてもらう必要があります。

　申込みの際には、献体登録申込書に必要事項を記入し、捺印した上、提出します。その際、将来遺族となる者の同意が不可欠となります。この同意は、医学及び歯学の教育のための献体に関する法律上要求されるものではありませんが、同法4条1号により、実際に正常解剖をする際には、遺族が「拒まないこと」が要件となっていることから、登録の際に将来遺族となる者の同意を得る扱いとなっています。申込みが完了すると献体登録証が発行されます。

3　死亡の連絡

　献体登録者である委任者が死亡した場合、受任者は、献体登録証に記載されている大学等に連絡をします。その際、大学から遺体引取りの日時・手順等の打合せや必要書類等の説明を受けることになります。その際、死亡診断書、火葬許可書を求められますので、事前に準備しておく必要があります。

　献体の受入れは一般的には死後48時間以内となっているので、可能であるならその前に葬儀を終えるのがよいでしょう。48時間以内に葬儀が行えない場合は、献体後に遺体なしで葬儀を行う方法もあります。時間が限られているので、事前に葬儀業者と相談してください。

4　献体手続

　上記連絡をすると、委任者の自宅等に大学から委託された業者が赴き、検体承諾書、死亡診断書、火葬許可書の受領と共に、遺体の引渡しを受けます。

　なお、委任者に遺族がいる場合には、遺族が解剖を拒まないことが要件となっています（献体法4一）ので、遺族の承諾を取り付ける必要があります。

　また、委任者に遺族がいない場合には、大学の長から引渡しの要求があったときは死体を引き渡すことができます（献体法5）。

5　返　骨

　献体後、大学に納骨堂があれば納骨堂に納骨してくれる場合もありますが、これまでの献体登録者数は30万人を超えており、遺骨の引取りを制限する大学等も増えています。

　被相続人の遺骨は、祭祀主宰者に帰属するとされています（最判平元・7・18家月41・10・128）。そのため、祭祀主宰者の指定がない場合は、その地方の慣習によって、慣習が明らかではない場合は家庭裁判所の調

停・審判によって祭祀主宰者が決められます。遺言で祭祀主宰者の指定をしている場合は、返還された遺骨の引渡先として、その者を指定することになります。

6　臓器提供

(1)　臓器提供の意思表示

臓器の移植に関する法律により、臓器の機能に障害がある者に対し臓器の機能の回復又は付与を目的として行われる臓器の移植術に使用されるための臓器を死体から摘出し、臓器提供をすることが認められています。移植の対象となる臓器は、心臓、肺、肝臓、腎臓、眼球（臓器移植5）、膵臓及び小腸（臓器移植則1）と定められています。

臓器提供の意思表示は、①臓器提供をするか・しないか、②提供する場合には、心肺停止後に限るのか、脳死後を含めるのかについて行います。同意思表示は、本人が生前に運転免許証や健康保険証、マイナンバーカードその他臓器提供意思表示カードに臓器提供の意思を記載することによりなされます。また、公益社団法人日本臓器移植ネットワークのウェブサイトからインターネットによる意思登録も可能です。

臓器提供の意思表示を遺言ですることを禁じられてはいませんが、遺言書が死後すぐに見付かるとは限りませんので、本人が常日頃携帯する免許証や臓器提供意思表示カード等によって、本人の意思が明確になるようにしておくことが重要です。

(2)　委任者の死亡後の手続

生前に臓器提供の意思表示がされている場合には、臓器提供の事務の委任を受けた受任者としては、医師にその委任者の意思表示がなされたカード等を渡すなどして、本人の意思を伝えることになります。

臓器の移植に関する法律6条1項は、臓器提供者に遺族がいる場合には、遺族が臓器の摘出を拒まないことが要件となりますが、医師が臓

器を摘出するに際し、遺族に告知をするので、受任者は臓器移植に関して医師へ委任者の臓器移植の希望を伝えればよいでしょう。

　法律上、移植術に使用されるための臓器を提供すること若しくはその提供を受けることのあっせんをすること若しくはあっせんをしたことの対価として財産上の利益の供与を受けることは禁止されている（臓器移植11③）ので、死後事務の受任に関して、臓器提供に関わる事務に関しての「対価」との疑義が生じないよう、臓器提供の事務のみを有償で受けるのは避けるべきです。

条 項 例

（委任事務の範囲）
第〇条　甲は、乙に対し、甲の死亡後における次の事務を委任する。
　①　〔省略〕
　②　献体、葬儀、火葬、納骨に関する事務
　③　臓器提供に関する事務（医師への連絡に限る。）
　④　〔以下略〕
（献体・葬儀・火葬）
第〇条　第〇条②の献体及び火葬は、献体登録先の大学で行う。
　万一、献体が行えなかった場合は、乙において葬儀を行い、火葬を行う。

〔ポイント〕
　遺体が傷んでいる場合や警察による司法解剖がなされた場合、献体登録先の大学等の事情によっては献体できない場合がありますので、その場合に備えて、委任事務の詳細を明記しておくとよいでしょう。
　同意を要する遺族の範囲が明確ではないので、医師への報告以外の事務を引き受けるかどうかは慎重に判断してください。

ケース4　自分の信仰する宗教・宗派（寺院）での葬儀・埋葬を行ってほしい

 依頼者から、自分が死んだ後は、自分が信仰する宗教・宗派の寺院による葬儀・埋葬を行ってほしいとの希望を受けました。依頼者の希望をかなえるためにはどのようにすればよいか教えてください。

解　説

1　葬儀・埋葬とは

　葬儀とは、故人の死を弔うための宗教的儀式全体をいいます。これと類似する言葉で告別式がありますが、これは故人の親族や知人・友人等が参加する社会的式典をいい、必ずしも宗教的儀式を必要とはしません。

　また、埋葬は、墓地、埋葬等に関する法律2条1項によれば「死体（妊娠4箇月以上の死胎を含む。）を土中に葬ること」（土葬）とされていますが、一般的な用語としては、火葬後の焼骨を墳墓に埋蔵又は納骨堂に収蔵することも含めた意味で捉えられていることが多いと思われます。これ以外の方法として自然葬（海洋散骨、樹木葬等）がありますが、その有効性等についてはケース5を参照してください。

2　死後事務委任契約で定めることの可否・必要性

　葬儀・埋葬に関する事項は、依頼者が求める中心的な死後事務の一つといえます。

　葬儀・埋葬については、通常相続人がこれを行うことが多いですが、相続人が存在しない場合や相続人と疎遠であったという場合もありま

す。また、遺言で祭祀承継者を指定する方法もありますが、法律上は
付言事項にとどまり、祭祀承継者となった者に葬儀・埋葬やその後の
墓地管理・法事等の方法を強制することはできないため、依頼者の希
望どおりの葬儀・埋葬がなされない可能性も皆無ではありません。さ
らに遺言は、死亡してからしばらく経過した後に発見される場合もあ
り、発見された時点では既に遺言の記載内容とは異なる方法での葬
儀・埋葬が執り行われているということも生じ得ます。

　そこで、依頼者が、特定の葬儀・埋葬を強く希望する場合には、こ
れを死後事務とする死後事務委任契約を締結することで、受任者に対
し契約内容に従い履行する義務を生じさせることができます。

　なお、平成28年法律第27号の「成年後見の事務の円滑化を図るため
の民法及び家事事件手続法の一部を改正する法律」により、成年後見
人は成年被後見人の死亡後、家庭裁判所の許可を得て「その死体の火
葬又は埋葬に関する契約の締結その他相続財産の保存に必要な行為」
を行うことができるようになりました（民873の2三）。しかし、ここで
成年後見人ができるのは火葬又は埋葬に限られており、葬儀まで行う
ことはできません。任意後見人や保佐人、補助人に至っては、葬儀の
みならず埋葬も行うことはできません。

　したがって、万一相続人がいない方が成年被後見人等になると、死
亡後の葬儀・埋葬において支障が生じることとなります。墓地、埋葬
等に関する法律9条では、死体の埋葬等を行う者がないときや判明し
ないときは、死亡地の市町村長が行うこととされており、実際には成
年後見人がやむを得ず行う場合もあるようですが、そのような例外的
な対応をしなくてもよいよう、特に相続人が存在しない方については、
葬儀・埋葬に関する事項を死後事務とする死後事務委任契約を締結す
る必要性は高いでしょう。

3　執行方法

(1)　依頼者の存命中

　葬儀・埋葬は、依頼者の死亡後速やかに実施する必要があります。そのため、受任者は、依頼者の死亡時点でその事実を把握しなければなりません。そこで、依頼者の了解を得られるのであれば、相続人となる方々に対し、依頼者の存命中に、葬儀・埋葬に関する事務の委任を受けていることを伝え、依頼者の死亡時に連絡を受けられるようにしておくとよいでしょう。

　しかし、相続人がいない場合や、依頼者が相続人に伝えることを了解しない場合もあり得ます。その場合には、依頼者とホームロイヤー（見守り、財産管理及び任意後見）契約を締結し、日常的に依頼者の健康状態を把握できるようにする方法も考えられます。

　また、依頼者が葬儀を行う寺院を指定するのは、依頼者がその寺院の檀家であるような、寺院と一定の関係を有している場合であることが通常なので、葬儀・埋葬を円滑に行うためにも、依頼者の了解を得て依頼者の存命中に寺院に連絡をし、葬儀・埋葬に関する事務の委任を受けていることを伝えておくとよいでしょう。

(2)　依頼者の死亡後

　依頼者の死亡を確認後、直ちに葬儀業者及び寺院に連絡をし、葬儀・埋葬の日程を相談します。葬儀業者については、死後事務委任契約の定めがあれば格別、そうでなければ、依頼者と合意した金額の範囲内で実施できる業者を任意に選定すればよいでしょう。

　また、依頼者に相続人となる方がいる場合には、その方に対し葬儀・埋葬の日時・場所等の連絡を行います。依頼者の死亡によりその地位は相続人に引き継がれ（民896）、いずれ葬儀・埋葬の終了時には相続人にその経過及び結果を報告しなければならなくなるからです（民645）。

　なお、火葬・埋葬には火葬許可証・埋葬許可証が必要となりますが、

火葬許可証の発行を市区町村役場に申請するには死亡の届出を行う必要があります。受任者が依頼者の存命中成年後見人や任意後見人・任意後見受任者になっていれば、受任者自身で死亡の届出ができますが、そうでない場合には、届出の義務・権限のある方（戸籍87）に行ってもらう必要があることに注意してください。実務上は、身寄りのない方が入院中に死亡した場合には、病院の院長等が「家屋の管理人」（戸籍87①第三）として死亡の届出を行うこともあるようです。

　死後事務委任契約において預託金が設定されている場合には、葬儀・埋葬の費用を預託金から支払うことができ、報酬も死後事務終了後に預託金から支払を受けることができます。預託金についてはＱ20・21を参照してください。

　葬儀・埋葬が終了した後に、相続人又は遺言執行者に対し、費用等を含めその経過及び結果を報告することになります。

条 項 例

（委任事務の範囲）

第○条　甲は、乙に対し、甲の死亡後における次の事務を委任する。

①　〔省略〕

②　葬儀及び埋葬に関する事務

③　〔以下略〕

（葬儀及び埋葬）

第○条　第○条②の葬儀は、以下の寺院の儀礼、方式に則って執り行う。

寺院名　○○山○○院○○寺

所在地　○○県○○市○○町○丁目○番○号

連絡先　○○○−○○○−○○○○

2　第○条②の埋葬は、前項の寺院の墓地に設置された墳墓に焼骨を埋蔵する方法で行う。

3　前2項に要する費用は、金○万円を上限とする。

〔ポイント〕

葬儀については、希望する宗教・宗派のみ記載する方法もあります。

（例）　第○条②の葬儀は、甲の信仰する○○宗○○派の儀礼、方式に則って執り行う。

また、葬儀・埋葬の費用については、行った葬儀・埋葬が依頼者の求める範囲の内容であることを明らかにし、後に相続人等との間で金額の相当性について疑義が生じないよう、上限を定めておくとよいでしょう。

ケース5　自然葬（散骨、樹木葬等）にしてほしい

 委任者から、自分が死んだ後は、散骨や樹木葬等の自然葬にしてほしいとの希望を受けました。委任者の希望をかなえるために必要な事項について教えてください。

解　説

1　自然葬（散骨、樹木葬）の適法性

（1）　自然葬には、火葬後の焼骨を海や山に撒くいわゆる散骨や樹木葬が挙げられますが、適法性については個別に考える必要があります。

（2）　散骨の適法性

　ア　墓埋法との関係

　墓地、埋葬等に関する法律（以下「墓埋法」といいます。）では、「埋葬」とは「死体を土中に葬ること」（土葬）（墓地2①）、「墳墓」とは「死体を埋葬し、又は焼骨を埋蔵する施設」（墓地2④）、「墓地」とは「墳墓を設けるための区域」（墓地2⑤）と規定し、「埋葬又は焼骨の埋蔵は、墓地以外の区域に、これを行ってはならない。」（墓地4①）と規定しています。

　墓埋法の「焼骨の埋蔵」とは、焼骨を土中に埋めて収蔵することと解されるところ、焼骨を土中に埋めて収蔵する場合には墓地以外の区域に行ってはならないということになります。

　焼骨を海や山に撒くいわゆる散骨について、国は「墓地、埋葬等に関する法律においてこれを禁止する規定はない。この問題については、国民の意識、宗教的感情の動向等を注意深く見守っていく必要が

ある。」との見解を示しています（東京都福祉保健局「散骨に関する留意事項」）。

　本ケースのように、焼骨を土中に埋めるのではなく、海や山に撒く散骨は、墓埋法の「焼骨の埋蔵」には該当せず、禁止されないと考えられます。

　ただし、散骨が墓埋法に直ちに抵触しないとしても、地方公共団体の条例で散骨に関する規制を設けている場合もあります（北海道長沼町、北海道岩見沢市、埼玉県秩父市等）。

　東京都福祉保健局のホームーページでは、①海や川での散骨では、水産物などへの風評被害が生じるおそれがあること、②山での散骨は、土地所有者や近隣の人からの苦情や農産物への風評被害のおそれがあること等を示し、こうしたトラブルが生じないよう人々の宗教的感情に十分に配慮することが必要だとして注意を喚起しています。

　なお、逆に、散骨と称していても、焼骨を土中に埋める場合には、「焼骨の埋蔵」に該当し、墓地以外の区域に行ってはならないという点に留意する必要があります。

　　イ　刑法190条との関係

　葬祭に関する良俗や国民の宗教的感情を保護法益として、刑法190条は「死体、遺骨、遺髪又は棺に納めてある物を損壊し、遺棄し、又は領得した者は、3年以下の懲役に処する」と定め、同条の「遺骨」とは「死者の祭祀又は記念のためにこれを保存し又は保存すべきものであることを必要とし、死者の遺族その他遺骨を処分する権限を有する者が、風俗慣習に従い正当に処分、例えば放置したものを包含しない。」（大判大10・3・14刑録27・165）とされています。

　上記刑法の規定の解釈からは、遺族等が故人の意思等に従って焼骨を撒く散骨は、相当な方法及び場所で行われる場合、同法に抵触するものではないと考えられます。

(3)　樹木葬の適法性

　樹木葬とは、地面に穴を掘り、その穴の中に焼骨を撒いた上で、①その上に樹木の苗木を植える方法により焼骨を埋めること、又は、②その上から土や落ち葉等を掛ける方法により焼骨を埋めることをいいます。こうした方法によれば、「墓地、埋葬等に関する法律…4条にいう『焼骨の埋蔵』に該当する」という解釈が厚生労働省により示されています（田近肇「散骨規制条例と葬送の自由・死者の尊厳」臨床法務研究21号114頁）。

　焼骨の埋蔵は、墓地以外の区域で行うことは禁止されているため（墓地4）、上記解釈を前提とすると、樹木葬は、墓地の区域内で行う限り適法であると考えられますが、墓地以外の区域（山林、原野、公園等）で行うことは禁止されることになります。

2　自然葬（散骨、樹木葬）の実施

(1)　散　骨

　　ア　散骨は墓埋法に規定されていない行為であるため、法律による手続はありません。

　　イ　前述のとおり、実際に、条例で散骨を規制（一律ないし原則として禁止）している地方公共団体もありますので、散骨が可能であるか否か等について、散骨を予定している地方公共団体に確認する必要があります。

　この点、国は「葬送方法には強い地域差があると考えられること、また墓地埋葬に関する規制権限は地方自治法上団体委任事務〔現在は自治事務〕とされていることから、それぞれの地方の実情を踏まえて、地方自治体の条例で定めることが適当である」としています（田近肇「散骨規制条例と葬送の自由・死者の尊厳」臨床法務研究21号127頁）。

　　ウ　また、遺骨の粉骨処理のほか、海洋散骨の場合には、散骨す

る場所（海域）に向かう船のチャーターなどのために海洋散骨事業者の選択・申込みをする際、地方公共団体の定めるガイドラインに沿った運営がなされているか等についても確認する必要があるといえます。

　参考までに、熱海市海洋散骨事業ガイドラインによると、熱海市内の土地（初島を含みます。）から10km以上離れた海域で行うこと、海水浴やマリンレジャーのお客様の多い夏期における海洋散骨は控えること等が海洋散骨を行う事業者の責務とされています（ただし、あくまでも海洋散骨を行う事業者のガイドラインであり、法的拘束力を有するものではありません。）。

　エ　散骨は委任者の生前に申込みをすることが多いと思われますが、実際の散骨に当たって業者から遺族の同意を求められる可能性があるので、遺族がいる場合には注意が必要です。

　(2)　樹木葬

　ア　樹木葬は、前述のとおり、焼骨の埋蔵に該当しますので、樹木葬が可能な墓地や霊園でのみ行うことができます。

　イ　樹木葬の形式や費用、申込みの可能な時期や資格等、墓地や霊園によって異なるので、委任者の希望に沿ったものを行えるか否か等、複数の墓地・霊園に確認する必要があります。

　ウ　樹木葬の実施に際し、埋葬許可証（火葬許可証に火葬場の印が押されたもの）が必ず必要となります。

条 項 例

（委任事務の範囲）

第〇条　甲は、乙に対し、甲の死亡後における次の事務を委任する。

①　〔省略〕

②　散骨又は樹木葬に関する事務

③　〔以下略〕

（散骨又は樹木葬）

第○条　第○条②の散骨又は樹木葬は、次の場所で行う。万一、当該場所で行えなかった場合は、乙において適宜の葬送方法で実施する。〔以下略〕

〔ポイント〕

　契約によって委任する事務の範囲として、散骨又は樹木葬について定めます。散骨と樹木葬とでは事前の手続が異なるため、「自然葬」と括らずに、明確に特定しておくべきです。

　いずれの葬送方法の場合も相続発生時に業者が存在しない場合などが想定されますので、それらの場合に備えて、委任事務の詳細を明記しておくとよいでしょう。

　必要に応じて費用に関する条項を定めることを検討してください。

ケース6　将来にわたって法要（三回忌、十七回忌、三十三回忌等）を行ってほしい

 委任者から、自分が死んだ後は、将来にわたっ
て法要（三回忌、十七回忌、三十三回忌等）を行
ってほしいとの希望を受けました。委任者の希望
をかなえるために必要な事項について教えてください。

解　説

1　長期間にわたる法要の受任の問題点

(1)　長期間にわたる委任事務の妥当性

死後事務委任契約において、委任者（委任事務の履行時は故人）の
意思を委任者死亡後の事務処理に反映させるために、受任者が（なお、
相続人がいる場合は相続人も）原則として解除することができない死
後事務委任契約を想定する必要があるといえます。

しかしながら、委任事務が極めて長期間に及ぶために受任者におい
て事務の履行が困難という場合でも、死後事務委任契約の拘束から逃
れられないというのは不都合があります。

そこで、かかる見地から、死後事務委任の範囲については、「委託さ
れた事務処理の内容が特定されていること、その実現が故人の生前の
社会的地位や相続財産に照らして相当であること、かつ当該事務処理
が委任者の死亡後比較的短期間で終了するものであること」が求めら
れるという見解があります（黒田美亜紀「死後の事務における故人の意思の
尊重と相続法秩序」明治学院大学法学研究93号82頁（2012））。

また、そもそも、長期に及ぶ事務は、やむを得ない場合を除き委任

事務にすべきではないとの見解も示されています（松川正毅編『新・成年後見における死後の事務—円滑化法施行後の実務の対応と課題』274頁（日本加除出版、2019））。

(2)　委任者の死亡後長期間にわたる法要

上記のような見解からすると、死後事務委任契約における委任事務の処理が、委任者の死亡後長期間にわたる法要、特に本ケースのように、十七回忌法要、三十三回忌法要といった、長期に及ぶ委任事務を死後事務委任契約の委任事項とすることは、差し控えるべきということになります。

他方、2で挙げる東京高裁平成21年12月21日判決（判タ1328・134）において、委任事務の処理期間について死後2年半ほど経過した後の行為を委任事務の履行と認めていることに照らすと、三回忌法要については、死後事務委任契約の委任事項としてよいものと考えられます。

2　相続人等がいない場合といる場合とで違いが生じるか

(1)　相続人等がいない場合

前述のとおり、本ケースにある三回忌法要を委任事項とする死後事務委任契約を締結することは、基本的に可能と考えられます。

委任者に相続人や親族がいない場合には、三回忌を超える法要を委任事務の内容とするニーズはあるかもしれませんが、受任者において極めて長期間委任事務を追行することは非現実的です。そこで、委任者の親しい友人など、三回忌以降に法要を引き受けてくれる人物があればその者に以後の法要実施を依頼するか、又は、永代供養に切り替えることで、委任事務を終了させるのが無難と思われます。それゆえ、死後事務委任契約締結時に、これらの点を委任者に説明し、同意を得ておく必要があります。

(2)　相続人等がいる場合

　本ケースにある三回忌法要を委任事項とする死後事務委任契約を有効に締結した場合でも、それが委任者の相続人や親族の意向に反することもあります。

　この点、東京高裁平成21年12月21日判決（判タ1328・134）は、死後事務委任は、「契約内容が不明確又は実現困難であったり、委任者の地位を承継した者にとって履行負担が加重であるなど契約を履行させることが不合理と認められる特段の事情がない限り、委任者の地位の承継者が委任契約を解除して終了させることを許さない合意をも包含する趣旨と解することが相当」との判断を示しました。この考え方に従えば、三回忌法要を委任事項とする死後事務委任契約を締結した場合、その履行負担が加重であるなどの特段の事情がない限り、相続人が当該契約を解除して終了させることはできないと考えられます。

　なお、前述のとおり、本ケースにある十七回忌法要、三十三回忌法要等、委任者の死後長期間経過後に執り行うべき事務は、死後事務委任契約の対象とすべきではありません。そこで、委任者の相続人や親族がいる場合、これらの者に法要を依頼できるかどうかを確認し、委任者と相続人等からあらかじめ了解を得て、相続人等において三回忌以降の法要を実施してもらう（三回忌の終了後、以後の法要を相続人等に引き継ぐことで死後事務の履行が完了することにしてもらう）ことが望ましいでしょう。他方、相続人等が法要の実施を望まない場合又は委任者が相続人等による法要の実施を望まない場合は、三回忌の終了後、永代供養に切り替えることで、死後事務の履行が完了するという形式にしておくことが考えられます。

条　項　例

（委任事務の範囲）

第〇条　甲は、乙に対し、甲の死亡後における次の事務を委任す
る。

①　〔省略〕

②　三回忌法要に関する事務

③　〔以下略〕

（三回忌法要）

第〇条　第〇条②の三回忌法要は、甲からの生前の指定がない限
り、乙が別に指定する場所で行う。

2　乙は、三回忌法要が終了した後、速やかに、甲の相続人、親
族その他甲の指定する者に対して、以後の法要の実施に必要な
引継ぎを行うものとする。

〔ポイント〕

契約によって委任する事務の範囲として、法要について定めます。
条項の解釈として十七回忌、三十三回忌といった長期間にわたる法要
が含まれていると解釈されることがないよう、委任事項を明確に、三
回忌法要と明記しておくべきです。

また、指定された会場が閉鎖されている等により使用不可能な場合
などに備えて、委任事務の詳細を明記しておくとよいでしょう。

ケース7　死後3年経過したら、永代供養、墓の返還を行ってほしい

　　　　委任者から、自分の三回忌が終了したら、先祖代々からの墓を墓地に返還の上、永代供養に切り替えてほしいとの希望を受けました。委任者の希望をかなえるために必要な事項について教えてください。

解　説

1　背　景

　近時、自分の遺骨は先祖代々の墓に納骨してもらいたいが、納骨後一定期間が経過したら墓じまいをし、墓を返還して管理を終え、永代供養に切り替えたいというニーズが高まっています。

　その背景として、少子化が進み、墓の承継者となるべき子どもがいない家庭が増加していることや、子どもがいる場合であっても、核家族化が進み、子どもや親戚との人間関係が疎遠になったり、先祖代々の墓を末代まで守るという意識が希薄になったりしていることが挙げられます。また、故郷を離れて住む子どもに、墓の管理の負担を掛けたくないという心情に基づくこともあります。

2　永代供養

　(1)　永代供養とは、お墓参りをしてくれる人がいない又は諸事情によりお墓参りに行けない方に代わって、墓地や霊園が、管理や供養をしてくれる供養方法のことをいいます。

　永代供養は、墓の管理承継者の存在を前提としていないため、身寄りのない方や墓の承継者のいない方、子どもに墓の管理の負担をさせ

たくない方にとって、メリットのある供養方法となります。また、一般的に、管理費用が安く、宗教や国籍を問わないこともメリットとして挙げられます。

　納骨の方法（屋内・屋外の別、故人ごと・まとめての別等）や供養の期間や内容、費用等の諸条件については、墓地や霊園によって様々ですので、事前に確認しておく必要があります。

　(2)　永代供養を手配する方法として、まず、委任者が生前に墓地や霊園の永代供養を予約する方法があります。委任者と墓地や霊園との間の契約により、委任者の死後の永代供養を依頼してしまうので、委任者の意思を確実に反映させることができます。

　次に、委任者が既に先祖代々の墓を有している（使用権がある）という場合には、先祖代々の墓を返還した上で、永代供養に切り替えることになります。この場合、委任者の生前に墓を返還してしまい、上記のように永代供養を予約する方法と、委任者の死後に（場合によっては、一旦委任者の遺骨を墓に納めた後に）、同時点の墓の使用者において墓を返還し、その後永代供養に切り替える方法（改葬）が考えられます。

　(3)　永代供養のための墓（永代供養墓）は、個別に設けることもありますが、多くの場合は、他の方の遺骨と共同の場所（納骨室など）に納骨します。このような納骨方法を「合葬」といいます。

　合葬された遺骨は、通常は、一定期間が過ぎたら骨壺から取り出され、他の遺骨とまとめて埋葬されます。これを「合祀」といい、合祀されるまでの期間は、墓地や霊園によって異なりますが、三十三回忌までとすることが多いようです。なお、永代供養墓の中には合葬せず、最初から合祀するところもあります。

3　墓の返還と改葬手続

　(1)　埋蔵・収蔵された焼骨を、他の墳墓又は納骨堂に移すことを「改葬」といいます（墓地2③）。先祖代々からの墓に一旦納骨をし、三回忌終了後に永代供養に切り替える場合は、墓に埋蔵されている遺骨を、永代供養墓に移すことになるため、この改葬手続をすることになります。

　(2)　遺骨の取出し

　遺骨の取出しについては、法律上の手続と墓地や霊園の規則によって定められた手続の双方に従う必要があります。

　　ア　墓地、埋葬等に関する法律では、国民の宗教的感情と公衆衛生の観点から、改葬を行おうとする者は、厚生労働省令で定めるところにより、市町村長（特別区の区長を含みます。）の許可を受けなければならないと定めています（墓地5①）。

　具体的には、「改葬許可申請書」（ただし、必要事項を記入した上で、現在の墓がある墓地や霊園の署名・押印が必要です。）や改葬先の墓地や霊園の「使用許可書」等の必要書類を、墓のある市町村に提出し、市町村から「改葬許可証」を発行してもらう必要があります。この「改葬許可証」を取得すると、遺骨の取出しをすることができます。

　　イ　また、墓地や霊園が定める規則において、遺骨の取出しについて手続が定められていることが通例なので、これらの規則にも従う必要があります。

　なお、寺院墓地では、寺院の定める典礼方式による供養が必要な場合があります。また、墓の返還に当たって離檀することになると、高額の離檀料を寺院側から請求されるというトラブルもあるようです。このようなトラブル防止の観点からも、あらかじめ墓地や霊園の管理者に問い合わせて、遺骨の取出しに関する手続や費用について確認しておく必要があります。

　(3)　墓の返還手続

　遺骨を取り出した後は、墓所の区画に設置されている墓石を撤去し、更地にして墓地や霊園に返還することとなります。

　通常は、最初に「閉眼供養（魂抜き）」を行った上で、石材店に依頼をして墓石の解体撤去工事を行います。工事完了後は、墓地や霊園で、所定の返還手続を行います。

　墓石の解体撤去費用は、墓石の材質・大きさ、機材や廃材の搬入・搬出の条件等によって大きく変わるため、必ず見積りを取る必要があります（平均的な撤去費用の目安は1m²当たり10万円～20万円といわれています。）。

4　手続の主体―祭祀承継者

　(1)　墓の埋葬に関する決定権限はその墓の使用権者にありますが、墓の使用権者は、原則として祭祀承継者です（民897①）。そのため、委任者が生前に墓の返還をする場合は、委任者自身がその墓の祭祀承継者であり墓地の使用権者であることが必要です。

　他方、死後事務委任契約の受任者が、委任者の死後に、受任者自身が主体となって、改葬のために墓の返還を行う場合は、原則として、委任者が、遺言等で受任者をあらかじめ祭祀承継者と指定しておく必要があります。なお、祭祀承継者でない受任者が、死後事務委任契約に基づき、受任者の地位で手続をとる余地があるかどうかは、死後事務委任の実務がそこまで定着していない現状では判然とせず、墓地や霊園の個別判断になると思われます。

　(2)　祭祀承継者の指定の方法や祭祀承継者となることのできる人の属性や資格に関する制限については、法律上特に規定されていないため、親族以外の第三者を祭祀承継者として指定することも可能です。よって、受任者が親族以外の者であっても、理論的には祭祀承継者と

なることができます。

　しかしながら、委任者の親族がいるにもかかわらず、親族以外の第三者（受任者）を祭祀承継者に指定すると、親族と感情的なトラブルになり、委任事務の履行が困難になる可能性があります。

　そこで、委任者に特定の親族を祭祀承継者に指定してもらい、委任者の死後、受任者が、当該祭祀承継者から依頼を受けて実際の改葬に関する事務手続等を行うという方法も考えられます。しかし、そもそも、委任者に親族がいるにもかかわらず第三者を受任者とする死後事務委任契約の締結を希望しているという背景には、委任者と親族が疎遠であるか人間関係が芳しくないといった事情があることも想定されるので、委任者が親族を祭祀承継者に指定してくれない、あるいは、祭祀承継者となった親族が、委任者の意向に反した埋葬等を行うといった事態もあり得ます。

　（3）　委任者に親族がいない場合や、親族が祭祀承継者になることを拒否している場合は、第三者である受任者を祭祀承継者に指定しても親族とのトラブルは発生しないかもしれません。しかしながら、墓地や霊園の管理規則等により墓地使用権の承継者の資格として委任者の親族であることが要求されている場合があり、その結果、委任者の希望する改葬や永代供養を実現できないということになりかねません。

　加えて、親族以外の第三者である受任者が、長期間にわたって祭祀承継者としての地位と責任を持ち続けることは困難なので、委任事務としていつまでに何を対応すれば免責されるかを検討しておく必要があります。

5　本ケースの検討

　本ケースにおいて、委任者は、自分の三回忌終了後に墓を返還し、

永代供養にすることを希望していますが、委任事務として受任できるかどうかは、受任者を祭祀承継者として指定することの可否、親族の有無や親族の同意の有無、現在の墓地や霊園から了解を得られる見込み、永代供養墓の手配の可否等を事前に確認の上、判断することになります。

　なお、いずれにしても、永代供養墓の購入や予約契約の締結については、委任者が生前に行っておいた方が確実、安全です。委任者の意思が明確なので、親族等への説明が容易になることや、多額の費用を預からなくて済むからです。

　死後の事務として受任することが困難と推測される場合は、委任者の生前に永代供養の予約契約を締結してもらい、その契約履行に伴う諸手続のみを受任者に委任する方法も検討するべきでしょう。ただし、その場合、死亡直後に先祖代々の墓に納骨することができなくなる可能性がありますので、委任者によく理解をしてもらう必要があります。

条　項　例

（委任事務の範囲）

第○条　甲は、乙に対し、甲の死亡後における次の事務を委任する。

① 〔省略〕

② 永代供養、墓の返還に関する事務

③ 〔以下略〕

（永代供養、墓の返還）

第○条　甲は、乙に対し、第○条②の永代供養及び墓の返還に関する事務の履行に要する費用相当額を、あらかじめ支払う。

> 2　乙は、前項に基づき預かった費用相当額の範囲内で、永代供
> 　養及び墓の返還に関する事務を行う。

〔ポイント〕

　契約によって委任する事務の範囲として永代供養、墓の返還について定めます。

　これらの委任事務の履行に当たって相応の費用が発生することが想定されますので、その場合に備えて、委任事務の詳細等を明記しておくとよいでしょう。

ケース8　公営墓地に埋葬してほしい

　　　委任者から、自分が死んだ後は、親から承継した公営墓地に埋葬してほしいとの希望を受けました。委任者の希望をかなえるために必要な事項について教えてください。

解　説

1　公営墓地

　公営墓地とは、都道府県、市区町村などの地方公共団体、自治体が管理、運営している墓地のことです。一般的に管理料が安く、宗教法人を問わない等のメリットがあります。

　公営墓地は地方公共団体が設置・管理しており、その利用条件は、公営墓地の設置・管理に関する条例及び同施行規則（以下「条例等」といいます。）で規定されているので、当該公営墓地の存する地方公共団体に、相続発生時の承継手続等について確認する必要があります。

2　公営墓地に埋葬する場合の手続

（1）　使用者、使用許可証の確認

　死後事務委任契約締結時に、委任者が当該公営墓地の使用者であるかどうか、使用許可証を保管しているかどうかを確認しておく必要があります。使用許可証とは、お墓（埋蔵施設）又は納骨堂（収蔵施設）を使用する証書です。

（2）　名義変更・申請者（限定されていることが多い）

　公営墓地の使用者であった委任者が死亡すると、当該公営墓地に委任者を埋葬し、引き続き利用関係を存続させるためには、使用者の名

義を変更する必要が生じます。

　しかしながら、使用者名義の変更申請の際、祭祀承継者であることや原則として使用者の親族であること等が条件とされている公営墓地が多いようです。

　そのため、亡くなった使用者に相続人や祭祀承継者がいない場合、使用者名義の変更申請ができず、委任者を当該公営墓地に埋葬できないという事態もあり得ますので、事前に、公営墓地の使用者として資格のある承継者がいるかどうかを確認しておく必要があります。

3　死後事務委任契約締結時の注意点

　(1)　上述のとおり、まず、委任者が当該公営墓地の使用者であるかどうか、使用者の名義及び使用許可証を保管しているかどうかを確認する必要があります。

　仮に、使用者名義が委任者の親のまま名義変更されていない場合、速やかに使用者を委任者とする名義変更をしてもらう必要があります。

　(2)　公営墓地の使用者となっている委任者が死亡した場合、使用者の名義変更をする必要が生じますが、上述のとおり、親族ではない死後事務受任者は名義変更の申請ができません。そのため、相続人や祭祀承継者が決まっている場合には、これらの者の協力を得て使用者名義を変更してもらい、委任者の埋葬手続をとることになります。

　それゆえ、委任者に相続人がいる場合は、あらかじめ、委任者の了解をとって、委任者の希望を伝え協議しておくことが肝要です。

　(3)　相続人や祭祀承継者がいない場合、使用者である委任者の死亡により管理料の納入（使用者でなければなりません。）がなされなくなると、当該墓地の管理が止まり、その後一定の期間が経過した段階で、（いわゆる「荒れ墓地」として）墓地使用権の消滅に係るいわゆる

無縁審査等の手続がなされ、従前の墓が利用できなくなってしまいます。

　このような事態を避けるためには、委任者に相続人や祭祀承継者がいない場合には、委任者の生存中に、当該公営墓地内の一般埋蔵施設から合葬埋蔵施設に施設変更手続をした上で、委任者の相続の際に、当該公営墓地の合葬埋蔵施設に埋葬してもらう方法が、本ケースの希望を最も実現できるものといえます。

条項例

> （委任事務の範囲）
> 第○条　甲は、乙に対し、甲の死亡後における次の事務を委任する。
> 　①　〔省略〕
> 　②　公営墓地への埋葬に関する事務
> 　③　〔以下略〕
> （公営墓地への埋葬）
> 第○条　第○条②の公営墓地は、次のとおりである。〔以下略〕
> 　2　甲の死亡に伴い、乙は、甲の相続人○○○○に通知し、前項の公営墓地の使用者の名義変更手続を依頼する。〔以下略〕

〔ポイント〕

　契約によって委任する事務の範囲として公営墓地への埋葬について定めます。

　解説で述べたとおり、相続人と協力して相続人に名義変更手続をしてもらう必要がある場合が想定されますので、それらの場合に備えて、委任事務の詳細を明記しておくとよいでしょう。

ケース9　仏壇等の神具、仏具等の処分をしてほしい

死後、引取先のいない仏壇のお焚き上げをして
ほしいとの依頼がありました。どのようにすれば
よいでしょうか。

解　説

1　神具、仏具等の処分

　死後、依頼者の家に同居する家族もおらず、依頼者が所有する神具、
仏具を引き継いでくれる相続人がいないなどの理由で、処分せざるを
得ないケースがあります。ただし、神具や仏具等を、そのまま廃棄物
として処分することに抵抗感を持たれる方も多いと思います。依頼者
の要望を確認しつつ、処分方法を決めることとなります。

2　神社、寺に依頼する方法

　神棚については、依頼者の地元の神社等、お祓いやお焚き上げに対
応をしてくれるようであれば、そこに依頼することも選択肢となりま
す。なお、神棚自体のお焚き上げまでしなくとも、お札の返納等によ
り神棚は廃棄物として処分してもよいとする考えもあります。まず
は、地元の神社等に処分方法及び納付する金額を含め事前に相談する
のがよいと思われます。

　仏壇についても、菩提寺その他の寺において、閉眼供養を行った上
でお焚き上げをする寺院に依頼することも考えられます。なお、仏壇
も閉眼供養を行った後に、廃棄物として処分してもよいとする考えも
あります。仏壇においても、菩提寺に処分方法及び納付する金額を含
め事前に相談するのがよいと思われます。

　なお、お焚き上げについては、神社や寺によっては、時期が限定されている場合もありますので、その点の確認も必要です。

　最後に、廃棄物として処分する場合は、地方公共団体の定める処分方法に従う必要がありますので、その点も費用も含め確認が必要です。

3　各種業者に依頼する方法

　仏具店その他遺品整理等の業者において、閉眼供養等必要な手続を行い、処分するサービスを提供している者も存在します。

　このような業者への依頼も選択肢の一つとなります。ただし、様々な業者が存在しますので、事後的なトラブルが発生しないよう、業者の選択には十分配慮する必要があります。

4　最後に

　神具、仏具については、依頼者により思い入れも様々と思いますので、事前にその意向を確認し、一定程度、業務内容とその費用を明確にし、決めておくのが妥当と思われます。また、神具、仏具の処分に関しても、相続人に対し、事後の報告が必要となりますので、その点からも、依頼者と事前に確認し、条項化するとよいでしょう（民645）。

条 項 例

（委任事務の範囲）
第〇条　甲は、乙に対し、甲の死亡後における次の事務を委任する。
①　〔省略〕
②　仏具の処分に関する事務
③　〔以下略〕

（仏具の処分）

第○条　第○条②の仏具の処分は、以下の寺院において妥当とする方式により行う。

　　寺院名　○○山○○院○○寺

　　所在地　○○県○○市○○町○丁目○番○号

　　連絡先　○○○－○○○－○○○○

2　前項に要する費用は、金○万円を上限とする。

〔ポイント〕

　上述は、菩提寺が定まっている場合の条項案となります。

　寺院を特定せず、

第○条②の仏具の処分は、甲の信仰する○○宗○○派の寺院において妥当とする方式により行う。

とする条項も考えられます。

　また、業者に依頼する場合は、依頼者の意向を確認した上で、

第○条②の仏具の処分は、閉眼供養等社会通念上相当とする方式によって処分する業者に依頼する方式により行う。

とする条項も考えられます。

ケース10　飼っているペットを友人・施設に引き取ってもらいたい

　　依頼者より、自らの死後も、飼っているペットが幸せに暮らしていけるよう、世話をしてくれる人に引き取ってもらいたいという相談を受けました。どのようにすればよいでしょうか。

解　説

1　引取先の確保と引取環境の整備

　命あるペットは、譲渡、処分について単純に考えられるものではありません。依頼者の死後も継続的に飼育できる環境を整える必要があり、また、引き取る側の負担も考慮しなければなりません。

　そこで、事前に、引取可能な相続人、友人・知人、施設・団体を探し、引取りの条件（飼育料等・予防接種の証明等）を確認するなどして、引取りの環境を整えておく必要があります。

　ペットを直接引き取ってくる友人・知人がいない場合には、依頼者かかりつけの動物病院、その他、ペットの引取りを行っている団体に相談してみてもよいでしょう。ただし、引取先が信頼できる人、団体であるかは、依頼者と共に十分検討するとよいでしょう。

　ペットの引取りに関し、引取先に引き取られるまで時間がかかりそうであれば、一時的に預かってくれる先（ペットホテル等のサービスもあります。）を検討しておくとよいでしょう。

2　ペットの引渡しなどを委任事務とする場合の注意点

　依頼者の死後のペットの飼育については、死後事務委任契約の対象

とすることが考えられます。この場合、委任事務の内容は、後述の条項例のとおり、受任者による引取先へのペットの引渡しが中心となります。

　依頼者にとっては自分が飼育するペットはかけがえのない動物ですが、年齢を重ねたペットの場合、客観的な経済的価値はない、又は仮にあったとしても極めて低廉ですので、依頼者との間で引取先を決めておけば十分なケースが多いでしょう。

　もっとも、厳密に考えると、ペットの所有権はペットの引渡しのみでは移転しませんので、ペットの所有権の帰すうが気になる事情がある場合（例えば、ペットに経済的な価値がある、複数の方がペットの飼育を希望する、施設等が遺贈などを希望するなど）には、ペットについて特定財産承継遺言、遺贈又は死因贈与をすべきです。特定財産承継遺言などをする場合であっても、ペットの引渡しを死後事務として委任することに問題はありません。ペットの飼育は毎日しなければなりませんが、遺言の執行などには時間を要するからです。そのため、特定財産承継遺言などを併用する場合には、将来紛争が生じないようにするため、死後事務委任契約で定めたペットの引渡事務と矛盾が生じないよう気を付けてください。

　引取先は依頼者の生前に確保すべきですが、委任事務を履行する段階になって当該施設が引き取らない場合に備えて、受任者において適宜の施設を選ぶ余地を残すのがよいでしょう。

　ペットの飼育には餌代などの飼育費用がかかります。そのため、依頼者と引取先の間で飼育費用の問題について話合いを進めてもらい、必要に応じて、飼育費用を依頼者から生前に預かる、引取先への支払確約（金銭遺贈など）を依頼者から得るなどの対応をすべきです。

　また、施設等の引取先がペットを適切に飼育してくれるか不安が残るということであれば、相続人に確認を依頼するほか、引取先の監督

を死後事務として委任しておくことが考えられます。

条項例

> （ペットの引渡し等）
>
> 第○条　甲は、乙に対し、甲の所有するペット（［動物の種類］、
> 　　　［雄雌の区別］、［年齢］、［名前］及び［生年月日］等で特定）
> 　　　を、次の施設に引き渡すことを依頼する。
> 　　　名　　称　　○○○○
> 　　　所在地　　○○県○○市○○町○丁目○番○号
> 2　前項の施設が受入れを拒否した場合は、乙において、適宜の
> 　　施設を選択の上、引き渡すことができる。
> 3　第1項又は前項に定める施設がペットの飼育を引き受けた場
> 　　合、甲は、乙に対し、ペットの飼育に要する費用を当該施設に
> 　　支払うことを依頼する。
> 4　乙は、第1項又は第2項に定める施設によるペットの飼育状況
> 　　を、引渡後○年間を上限として年○回の頻度で確認するものと
> 　　する。

〔ポイント〕

　本条項例の第1項では、受任者に対し、依頼者の生前に確保した施設
との間でペットの飼育に関する契約を締結し、ペットを当該施設に引
き渡す権限を与えています。

　次に、その施設が受入拒否をした場合に備えて、受任者に別の施設
を選択する権限を与えています。

　また、ペットの飼育には費用がかかりますので、本条項例では、そ
の支払事務を委任事務としています。この場合、飼育費用については、

依頼者から生前に金銭を預かるのがよいでしょう。

　さらに、本条項例では飼育状況の確認についても委任事務としています。長期間生存するペットもいますので、期間制限を設けています。

　なお、依頼者が生前に確保した引取先との間で死後事務委任契約を直接締結することも考えられます。この場合、法律専門家がすべき委任事務としては、飼育費用の支払事務（本条項例3項）や飼育状況の確認事務（本条項例4項）が考えられます。

ケース11　債務の弁済、税金の申告を行ってほしい

ケース　依頼者から、死後、固定資産税その他未払の税金や、その他、死亡時に残っている債務の弁済を行ってほしいとの要望がありました。また、依頼者の死亡により必要となる税務申告も行ってほしいとの要望もありました。可能でしょうか。

解　説

1　死後事務委任契約による債務の弁済

死亡までの間に全ての債務を弁済しておくことは困難であり、例えば、電気、ガス、水道料金の公共料金（ケース13参照）以外にも、病院への医療費の支払や、介護施設への支払、所有不動産の固定資産税その他の税金の支払などが残る場合があります。

これらの支払について、死後事務委任契約を締結する方法もとり得ます。

死後事務委任契約を締結するに当たっては、事前に依頼者の負担する（若しくは負担するであろう）債務を特定しておく必要があります。

その際、事前に弁済するに足る金額を受任者において預かっておき、その弁済の原資を確保しておかないと、受任者が一旦立て替えることになってしまいますので、注意が必要です。

2　相続人がいる場合

(1)　相続人がいる場合には、これらの債務は相続人に引き継がれます。したがって、相続人が対応できるのであれば、その相続人において弁済すれば足ります。

　しかしながら、相続人の年齢、相続人が遠方にいる、相続人が多数いるなどの事情により、相続人が速やかに弁済できない場合もあります。よって、それぞれの事情に応じ、死後事務委任契約により支払うべき債務の種類、範囲を定めるとよいでしょう。

　(2)　依頼者の生前に納税義務が発生した税金について、死後事務委任契約により弁済することも可能です。

　(3)　弁済後、相続人に報告し、残った預り金があれば、これを返金することになるので、報告・返金先を定めておくとよいでしょう。

3　相続人がいない場合

　(1)　相続人がいない場合には、相続財産からの弁済は、相続財産管理人によることが原則となります。ただし、費用の問題もあり、相続財産管理人は必ず選任されるわけではありません。

　債務を引き継ぐ相続人もいませんので、死後事務委任契約を締結して弁済する必要があるか、また、どの債務について弁済するのか、依頼者とよく相談して決めるべきでしょう。

　(2)　委任事務の完了報告や残った預り金の返金については、相手となる相続人がおらず、また、このためだけに相続財産管理人を選任することも現実的ではありません。そこで、残金を報酬とする特約を結ぶ（ただし、金額の相当性は必要です。）、残金の寄付先を遺言で定める、相続財産法人を債権者とする供託の可否を検討する、などの対策をすべきでしょう。

4　亡くなった後の税務申告

　依頼者が亡くなった後、相続人がいる場合の納税義務者は、相続人です。一方、相続人がいない場合は、相続財産法人が納税義務者となります。

　したがって、死後事務委任契約で亡くなった後の税務申告に対応することはできません。

条 項 例

（委任事務の範囲）
第〇条　甲は、乙に対し、甲の死亡後における次の事務を委任する。
　①　〔省略〕
　②　債務の弁済に関する事務
　③　〔以下略〕
（債務の弁済）
第〇条　第〇条②の債務の弁済は、甲が死亡した時点において存在する以下の債務について行う。
　①　所得税、住民税、固定資産税、自動車税その他生前に発生した未払の税金
　②　以下の病院に関する治療費
　　　病院名　　〇〇病院
　　　所在地　　〇〇県〇〇市〇〇町〇丁目〇番〇号
　　　連絡先　　〇〇〇－〇〇〇－〇〇〇〇
　③　〔以下略〕

〔ポイント〕
　治療費については、単に「治療費」とすることも考えられます。個々の事案に応じて、どこまで特定するか検討するとよいでしょう。

ケース12　マイナンバーカードの廃止、年金、保険に関する届出をしてほしい

 依頼者から、死後、依頼者のマイナンバーカードの廃止、年金、保険の届出をしてほしいとの依頼がありました。どうすればよいですか。

解　説

1　マイナンバーカードの失効

　マイナンバーカードは、死亡により失効します（行政手続における特定の個人を識別するための番号の利用等に関する法律施行令14四）ので、廃止・失効のための届出は不要です。よって、死後事務委任は不要です。カードの券面の返還は義務ではありませんが、希望すれば返納することもできますので、これを死後事務の内容とすることは考えられます。

2　国民年金に関する届出

　原則として、死亡の事実を年金事務所に届け出る必要がありますので、これを死後事務の内容とすることが考えられます。

　ただし、マイナンバーカードと基礎年金番号が紐付けられていれば、死亡届の提出により、年金事務所にも死亡の事実が連絡されるので、年金事務所に届け出る必要はありません。それゆえ、マイナンバーと基礎年金番号の紐付けがなされているのかの確認を依頼者にしておくとよいでしょう。紐付けがなされていない場合には、依頼者に紐付けしてもらうことを検討してください。

3　国民健康保険・介護保険に関する届出

　国民健康保険・介護保険は、原則として、死亡届の提出により脱退します。死亡届の提出を死後事務の内容とすることはケース1を参照してください。ただし、健康保険証の返却と資格喪失届の提出は必要ですので、これを死後事務の内容とすることが考えられます。

```
条 項 例
```

（行政官庁への諸届事務）
第〇条　甲は、乙に対し、行政官庁への諸届事務として以下の事
　　項を依頼する。
　①　年金事務所への届出
　②　マイナンバーカードの返還
　③　健康保険証の返却及び資格喪失届の提出
　④　その他必要書類等の提出又は返還等一切の事務

〔ポイント〕
　行政官庁への諸届事務は種類が多いので、漏れがないように記載してください。条項例では各号を列挙しましたが、「行政官庁への諸届事務を依頼する」と包括的に記載する方法もあります。

ケース13　電気、ガス、水道等の公共料金の支払・停止をしてほしい

　　依頼者から、自分が死んだ後は電気、ガス、水道等の公共料金の支払・停止をしてほしいとの希望を受けました。死後事務受任者として公共料金の支払・停止をする際の手続について教えてください。

解　説

1　公共料金の契約

　電気、ガス、水道等の各種公共料金の契約者であった方が亡くなったとき、各種公共サービスの契約は相続人又は相続財産法人に承継され、料金滞納状態となって各種供給が停止されない限り、料金が発生し続けてしまいます。そこで、各種公共サービス契約の解約手続をとり、解約までに未払があれば精算しなければなりません。

　死後事務委任契約の締結時に推定相続人や同居している方が依頼者死亡後も電気、ガス、水道の継続使用を希望することが判明している場合には、希望者への名義変更手続が必要となりますので、死後事務として受任しない方がよいでしょう。一方、こうした希望が確認できない場合には、依頼者から死後事務として受任し、受任者として各種公共サービス契約の解約をすることが考えられます。受任者による解約手続の可否については後記3をご覧ください。

2　各種手続

　以下では、電気・ガス・水道の解約手続について解説します。

　(1)　電　気

　解約の際には、まず契約先の電力会社の営業所やコールセンターに

連絡を行います。連絡先の電力会社の電話番号や契約番号は、電力会社から依頼者に届いている領収済通知書や料金計算書などに書かれているので、依頼者にあらかじめ確認しておきましょう。

　電力会社にもよりますが、一般的に、本人による解約の手続は電話やインターネット上の手続で完結します。死後事務の受任者による解約手続の場合、本人の場合と同じ取扱いとなるかは不分明です。

　解約については、契約条件などによって解約手数料がかかる場合がありますので確認が必要です。

　（2）　ガ　ス

　ガスも、解約の際には、まず契約先のガス会社の営業所やコールセンターに連絡を行います。連絡先のガス会社の電話番号や契約番号は、ガス会社から毎月届く領収済通知書や料金計算書に書かれているので、依頼者にあらかじめ確認しておきましょう。

　ガスの解約についてはガス会社による立会いが必要であることが一般的ですので、解約の申込みは立会日を決めることも考慮してください。

　また、ガス会社によっては契約時に保証金を預けるシステムを採っているところがあります。この場合には解約時に保証金の精算も忘れないよう注意してください。

　（3）　水　道

　水道は各地方公共団体の水道局によって管理運営されており、解約の手続先は管轄地域の水道局となります。連絡先は水道局からの請求書、領収書に書かれているので依頼者にあらかじめ確認しておきましょう。

　本人による解約手続は、電話やインターネット上での手続で完了しますが、死後事務の受任者による解約手続の場合、本人の場合と同じ取扱いとなるかは不分明です。

3　死後事務委任としての解約手続の可否

　電気、ガス、水道等の公共料金の精算や解約手続を死後事務委任の内容とするのは、一般的です。

　もっとも、死後事務委任契約はこれから定着・発展していく段階にありますので、各種公共サービスの提供者が、死後事務委任の受任者による解約手続に応じるのか、応じる場合にどのような手続を要するのか等については不分明な点があります。したがって、死後事務委任として各種公共サービスの解約手続を受任する際には、各種公共サービス提供者へ事前に確認をし、その回答が明確でない場合には、依頼者に対し、料金滞納による解約手続がとられるまで各種公共料金が発生し続けるリスクがあることを説明しておくべきでしょう。

条項例

（委任事務の範囲）
第〇条　甲は、乙に対し、甲の死亡後における次の事務を委任する。
①　〔省略〕
②　電気、ガス、水道等の公共料金の精算・解約
③　〔以下略〕
（各種公共サービスの契約情報の提供）
第〇条　甲は、乙に対し、第〇条②の精算・解約手続の履行のため、各種公共サービスの契約を特定するための情報を提供するものとする。
2　前項に基づき提供された情報に変更があった場合、甲は、乙に対し、変更後速やかに変更後の情報を提供するものとする。

〔ポイント〕

1　解約するに当たっては、依頼者が亡くなられた後、遺品の整理や部屋の片付けなどで電気、ガス、水道などを使用することもあるため、それらの予定を考慮し、解約日を決めるとよいでしょう。

2　公共料金の支払方法が口座引落としである場合、依頼者の口座は死亡の事実を届け出ると凍結され、使えなくなります。公共サービスの提供者が死後事務委任の受任者からの解約手続に応じない場合には、料金滞納による解約とすることも検討すべきでしょう。死後事務委任契約締結時に相続人が利用の継続を希望することが判明している場合は、死後事務委任の委任事項とせず、名義変更手続と共に振替口座の手続が必要です。

3　公共料金の支払方法がクレジットカード払である場合、カード会社は、カード名義人の死亡の事実を届けない限り、決済を継続します。この場合、カード会社の支払代行分は、相続債務として引き継がれますので留意しましょう。

ケース14　金融機関、証券会社の口座解約手続を委任したい

　　　　依頼者から、自分が死んだ後の銀行、証券会社の口座の解約手続を委任したいと頼まれました。金融機関、証券会社の解約手続を死後事務として受任できますか。

　解　説

1　銀行口座の解約

(1)　死後事務委任によることの可否

　判例は、共同相続された預貯金債権について相続開始と同時に相続分に応じて当然分割されることはなく、遺産分割の対象になるとしています（最大決平28・12・19民集70・8・2121、最判平29・4・6判時2337・34）。銀行の窓口で相続人が被相続人の預金の払戻しを求める場合も、相続人全員の戸籍謄本、相続人全員の印鑑証明書（発行から3か月以内などの条件あり）、相続人全員の自署・実印が押印された相続届（遺産分割協議書があると取得者のみの自署・実印の場合あり）の提出を求められるのが一般的です。したがって、相続財産である預貯金の払戻しは相続人がすることになります。

　被相続人名義の銀行口座の解約は、相続人による払戻しの際になされます。したがって、銀行口座の解約も相続人が実施することになります。

　依頼者は、銀行口座の解約のみを求めていますが、上述のとおり、銀行口座の解約は預金の払戻しと同時になされます。預金残高がない、当座貸越になっているなどの事情は無関係です。そのため、銀行

口座の解約のみを委任事務として受任しても、履行することができません。したがって、銀行口座の解約を死後事務委任として受任することは避けるべきです。

（2）　遺言執行による方法

死後事務委任の受任者が依頼者の希望をかなえるには、依頼者が解約を望む銀行口座を特定財産承継遺言により誰かに相続させた上、死後事務委任の受任者を遺言執行者として指定する方法があります。

遺言執行者は、特定財産に関する遺言の執行として、当該共同相続人が民法899条の2第1項に規定する対抗要件を備えるために必要な行為をすることができます（民1014②）。そして、特定財産承継遺言の対象が預貯金である場合には、遺言執行者は、その預金又は貯金の払戻しの請求及びその預金又は貯金に係る契約の解約の申入れをすることができます（民1014③）。

そこで、死亡後に銀行の預金口座の解約を頼みたい場合は、遺言で銀行の預金口座を特定の誰かに承継させる旨を定めた上、死後事務委任の受任者を遺言執行者として指定します。そして、遺言者が死亡後、遺言執行により銀行口座の解約が可能となります。

2　証券口座の解約

被相続人の証券口座の解約の場合も、銀行の預金口座と同様に、相続人による手続が必要とされているのが一般的です。したがって、死後事務委任の委任事項として、証券口座の解約を引き受けることは避けるべきです。

死後事務委任の受任者が依頼者の希望をかなえるには、預金口座同様、解約を希望する証券口座を特定財産承継遺言により特定の誰かに相続させ、受任者を遺言執行者として指定します。遺言者の死亡後、遺言執行により証券口座の解約手続をすることが可能となります。

3　小　括

　以上のとおり、依頼者の死亡後に銀行や証券会社の口座解約を頼みたい場合は、銀行の預金債権や証券会社に預けた株式などの証券を特定の誰かに承継させる旨を遺言で定めるとともに、死後事務委任の受任者を遺言執行者として指定し、遺言執行として預金の払戻しや証券の返還を受け、口座を解約すればよいことになります。自分はそこまで金融資産を保有していないので遺言するまでもないという方や、遺言で遺言執行者を指定するのは大袈裟であるので様式に捉われない死後事務委任契約で委任したいと思われる方もいらっしゃることと思います。しかし、上述のとおり、口座解約の委任を受けた者がたとえ相続人であっても単独で解約手続を進めることはできません。

ケース15　居住用賃貸物件の解約、明渡しをしてほしい

　　　　依頼者から、自分が死んだ後は居住用賃貸物件を解約して明け渡してほしいと頼まれました。死後事務受任者として居住用賃貸物件の解約、明渡しをする際の注意事項を教えてください。

解　説

1　依頼者死亡後の居住用賃貸物件の解約、明渡し事務の委任

賃借権も財産権の一種ですので、賃借人が死亡すると相続の対象となります。よって、賃貸借契約は賃借人が死亡しても消滅せずに相続人に承継され、解約をするかどうかは相続人が決定し、相続人がいない場合（いることが明らかでないときを含みます。）は、相続財産管理人が決定することになります。

しかしながら、相続人間で賃貸物件をめぐる方針が決まらない場合や、相続人が高齢だったり、遠方に住んでいる等の事情から、賃貸借契約の解約や明渡しに対応するのが困難又は長時間を要することがあります。また、相続人不存在のために相続財産管理人を選任するためには、時間を要することがあります。

なお、依頼者が、自分の死後に賃貸物件の解約や明渡しをすぐに行ってほしい旨を遺言に記載したとしても、遺言執行者に対する法的拘束力は生じません。なぜなら、遺言で有効に定めることができる事項は法定されているところ、契約の解除はこれに含まれていないからです。

　そこで、死亡後の居住用賃貸物件の解約、明渡し事務をスムーズに執り行うためには、死後事務委任契約を結ぶことが有用です。

2　居住用賃貸物件の解約、明渡しを委任事項とする際の注意点

(1)　賃貸借契約の解約について

　ア　依頼者に相続人がいる場合、前述のとおり、賃借人の地位は原則として相続人が承継しているため、受任者が死後事務委任契約に基づいて賃貸借契約の解約手続を取るに当たり、賃貸人が相続人とのトラブルを懸念して解約手続がスムーズに進まないということが考えられます。

　そこで、死後事務委任契約を締結した時点で、依頼者と受任者の連名で、依頼者（賃借人）死亡の場合の契約解約権が受任者にある旨の通知を出し、かつ、賃貸人の了解を取り付けておくなど、賃貸人に事前に伝えておくことも検討するとよいでしょう（なお、依頼者に相続人がいない場合は、このような取扱いをすることは、むしろ賃貸人にも喜ばれると思います。）。

　イ　依頼者が敷金を差し入れている場合、なるべく早期に解約をすることで敷金残金が返戻される可能性があります。敷金残金は、遺産として最終的に相続人に引き渡すべきものなので、解約手続が遅れたために敷金の残金が減滅すると、相続人とのトラブルになりかねません。よって、特に解約を困難とする事情がなければ、速やかに解約手続を取る必要があります。

(2)　明渡しの履行

　一般に、賃貸物件の明渡しを履行したといえるには、①物件内の動産類を搬出し原状に回復した上で、②鍵やセキュリティーカード等賃

貸人から交付を受けた物を返却する必要があります。

　また、依頼者が死亡した直後から、死後事務委任の遂行のために賃貸物件内に立ち入ることも必要になりますので、鍵やセキュリティーカードの数とそれらの保管場所を事前に確認しておくほか、緊急の対応が必要な場合に備えて、依頼者の了解を得てスペアキーを預かっておくといったことも検討すべきでしょう。

　(3)　動産類の搬出、処分について

　　ア　明渡しに当たり、賃貸物件内の動産類を搬出する際、これらの動産の中に第三者の所有物やリース物件などが含まれていると、これらの第三者との間でトラブルになることがあります。そこで、事前に、依頼者から、第三者の所有物等の有無と内容、その保管場所を確認しておく必要があります。

　また、賃貸物件内に、不動産の権利証や実印といった貴重品が存在すると、搬出時に紛失するおそれがあり、受任者の管理責任を問われることになりかねません。そこで、依頼者から、賃貸物件内で保管中の貴重品の有無と内容、その保管場所等を確認するとともに、場合によっては、貴重品は貸金庫に入れてもらう等の対応を取ってもらうことも検討すべきでしょう。

　　イ　搬出した動産類は、遺産として、その承継者（相続人や受遺者）に引き渡すことが原則となるので、誰に引き渡すべきかを確認する必要があります。特に相続人が複数いる場合は、委任事項として、誰を引渡先にするかを委任事項として特定しておくと安心です。

　他方、依頼者が、相続人への動産類の引渡しを望まず、これらの動産類の廃棄を希望していることもあり得ます。この場合、動産類に相応の経済的価値がある場合はもちろん、経済的価値はないが相続人に

とって主観的価値がある場合（例えば、形見となるような古い服等）には、当該廃棄処分によって相続人とトラブルになることが考えられます。

　よって、廃棄処分を希望する場合は、廃棄処分を依頼し相続人への引継ぎを要しない旨を委任事項として明記するとか、搬出・処分前に、相続人らに形見分けの機会を提供するといったことも検討すべきでしょう。

　また、遺言で「居宅内の動産は全て○○に相続させる」といった条項や、「その他の財産は全て○○に相続させる」という条項がある場合に、他方で、居宅内の動産の廃棄を委任する死後事務委任契約を締結してしまうと、死後事務委任契約と遺言の内容に抵触が生じ、とりわけ、動産類の中に相応の価値があるものが含まれる場合は問題が顕在化します。この点、死後の財産の処分に関しては、法律は原則として遺言による処分を想定していることから、死後事務委任契約の中で、「遺言に別段の定めがある場合には遺言による」といった条項を記載し、遺言を優先することを明記し、死後事務委任として履行しなくてよいことを明記することが考えられます。

　(4)　明渡しの完了

　前述のとおり、明渡し時には、鍵やセキュリティーカード等賃貸人から交付を受けた物を返却する必要があります。

　明渡しが完了した際は、賃貸人から、明渡しの確認書及び敷金の精算書等、委任事務の履行がなされたことを示す書類を取得して、相続人への報告の際に利用し、又は、これらを引き渡してください。

条 項 例

（委任事務の範囲）

第〇条　甲は、乙に対し、甲の死亡後における次の事務を委任する。

① 〔省略〕

② 不動産賃貸借契約の解約及び住居明渡し

③ 甲の所有権に属する家財道具や生活用品等の破棄処分が必要な動産類の廃棄処分

④ 〔以下略〕

（不動産賃貸借契約の解約等）

第〇条　乙が解約すべき不動産賃貸借契約は、以下のとおりとする。

賃貸人　　　〇〇〇〇

賃貸物件　　〇〇〇〇

賃貸借期間　〇〇〇〇

2　甲の相続発生時、前項の賃貸借契約が存在しない場合、乙が解約すべき不動産賃貸借契約は、甲が相続発生時に賃貸していた甲の自宅に係る不動産賃貸借契約とする。

3　前2項に基づく不動産賃貸借契約の解約に基づき、賃貸物件の明渡しを行うに当たっては、以下の取扱いとする。

① 賃貸物件内の動産類は、全て、以下の者に引き渡す。

氏名　　　〇〇〇〇

住所　　　〇〇県〇〇市〇〇町〇丁目〇番〇号

連絡先　　〇〇〇－〇〇〇－〇〇〇〇

② 前号の者が動産類の引取りを拒んだときは、乙は動産類を適宜の方法で処分、廃棄の上、賃貸物件の明渡しを行う。

〔ポイント〕

　明渡しの際には、居宅内の動産類を全て撤去する必要がありますが、動産類は原則として相続の対象になりますので、財産的価値がないと思われるものについてもむやみに処分できず、相続人・遺言執行者又は相続財産管理人に引き渡さなければなりません。

　スムーズな解約、明渡し事務の履行のためには、居宅内の残置物の処分について、別途死後事務委任契約で定めておく必要があります。

ケース16　高齢者施設の退去手続をしてほしい

　　　依頼者から、自分が死んだ後入所している高齢者施設の退去手続をしてほしいと頼まれました。死後事務受任者として高齢者施設からの退去手続をする際にどのようなことを行うことが求められますか。

解　説

1　入所契約の終了

　老人福祉施設、介護保険施設などの高齢者施設の標準的な入所契約書では、入所者本人の死亡が入所契約の終了事由に含まれています。入所契約は専ら入所者の利益のために締結されるもので、契約の性質上本人の死亡後も契約を存続させる必要がないからです。したがって、退去手続をする際に入所契約の解約は不要です。

2　身元保証人等との関係

　高齢者施設へ入居する場合、原則として当該施設から身元保証人や身元引受人（以下「身元保証人等」といいます。）が求められることが一般的です。

　標準的な入所契約書では、身元保証人等の義務として入所者本人が死亡した時の私物の引取り、未払料金の精算、入居者の施設に対する債務の連帯保証、入居一時金の受領といった入所者本人の死亡後の事項が定められています。したがって、入所施設からの退去手続は、身元保証人等が実施するのが通常です。

　一般的に身元保証人等は近しい親族がなるケースがほとんどです。身元保証人等は、入所者の債務の連帯保証をし、ご遺体の引取りを求

められることもありますので、死後事務委任の委任事項として、施設に入所する場合の身元保証人等に就任する旨の条項を設けることは慎重になるべきです。

　だからといって、死後事務委任契約の中で依頼者のために何もできないわけではありません。例えば、身元保証人等が高齢で、依頼者に不安がある場合には、身元保証人等の補助業務を死後事務の委任事項とすることが考えられます。高齢者施設の対応いかんによるところもありますが、こうした条項を設けることで、死後事務委任の受任者が、事実上、高齢者施設との連絡窓口となることができるかもしれません。

条 項 例

> （委任事務の範囲）
> 第○条　甲は、乙に対し、甲の死亡後における次の事務を委任する。
> ①　〔省略〕
> ②　甲が入居する又は将来入居する高齢者施設に関する身元保証人の補助業務
> ③　〔以下略〕

〔ポイント〕

　身元保証人等が行う事務としては主に①施設利用料の支払（支払保証を含みます。）、②施設サービスの確認・報告受領、③医療機関へ入院する際の手続・医療に関する同意、④死亡時の身柄の引取り、⑤入居者本人が死亡した時の私物の引取り等があります。本条項は、死後事務委任の受任者が身元保証人等の補助を実施する旨を定めたものです。

ケース17　不動産の管理を任せたい

　　　　依頼者から依頼者の死後、自宅不動産の管理を
依頼されました。そして、自宅不動産は売却し、
その代金は、依頼者の闘病中、何十年も親身に看
病・介護してくれた友人（知人）にあげてほしいと相談されまし
た。死後事務委任契約で依頼者の希望を実現することはできる
でしょうか。

解　説

1　死後事務委任になじむか

　死後事務委任では、遺言事項に関する事務の委任を受けることはで
きません。本ケースの場合、依頼者の希望は、①死後の自宅不動産の
管理、②自宅不動産の売却、③売却代金の友人（知人）への支払に分
けられます。

(1)　死後の自宅不動産の管理

　相続は死亡によって開始され（民882）、相続人は相続開始の時から被
相続人の財産に属した一切の権利義務を負います（民896）。そして、相
続人は、その固有財産におけるのと同一の注意をもって、相続財産を
管理しなくてはなりません（民918）。相続人がいない場合、相続財産は
法人となり（民951）、相続財産管理人が選任される（民952）と、同人が
相続財産の管理をします（民953・27）。

　本ケースの場合、依頼者に相続人がいるかは不明です。相続人がい
る場合には、自宅不動産の管理は相続人がすべきことですので、死後
事務として受任することは避けるべきです。死後事務委任の範囲は、
相続人への連絡まででしょう。

　一方、相続人がいない場合ですが、いくつかケースが考えられます。相続人の全員が相続放棄をすると、相続人がいなくなりますが、相続を放棄した者は、その放棄によって相続人となった者が相続財産の管理を始めることができるまでは、自己の財産におけるのと同一の注意をもって、その財産の管理を継続しないといけません（民940）。したがって、相続放棄によって相続人がいなくなった場合は、相続人がいる場合と同様、依頼者の自宅不動産の管理は相続人がすべきことですので、死後事務として受任することは避けるべきです。

　法定相続人が当初から誰もいない場合は、相続財産管理人が選任されると同人が管理をしますが、選任前の管理を誰がするのか民法の条文からは明らかではありません。そうしますと、依頼者には身寄りがなく、誰も法定相続人がいない場合には、相続財産管理人が選任されるまでの間の暫定的な措置として、死後事務委任の委任事項として受任することが考えられます。

　(2)　自宅不動産の売却及び友人（知人）への売却代金の支払

　依頼者の自宅不動産の売却とその売却代金の友人（知人）への支払は、遺産分割方法の指定と金銭の遺贈です。遺産分割方法の指定（民908）も、遺贈（民964）も遺言によらないとできません。自宅不動産は財産的価値も大きいので、遺言によらないで処分すると、相続人や相続財産管理人との間で後日トラブルになります。したがって、自宅不動産の売却及び友人（知人）への売却代金の支払は、死後事務委任として受任してはいけません。依頼者の希望をかなえるには、遺言を作成すべきです。

2　死後事務委任の受任者として何ができるか

　以上から、本ケースの場合、残念ながら、死後事務委任の利用により依頼者の希望を直接実現することはかないません。ただ、死後事務

委任を利用して何もできないわけではありません。例えば、依頼者と相続人が疎遠な場合には、依頼者の死亡の事実とともに、依頼者の希望を手紙などで相続人に伝えることができます。その結果、依頼者の相続人は、遺留分が侵害されている場合であっても、友人（知人）に対する遺留分侵害額請求をしないかもしれません。こうした依頼者の希望を手紙などで伝える事務は、死後事務委任になじむものではないでしょうか。

　死後事務委任の受任者として大事な姿勢は、遺言事項との区別をつけた上、依頼者の希望を確実に実現するため、死後事務委任の中で何ができるのかを検討し、それを具体化することでしょう。

ケース18　形見分けをしてほしい

　　　　依頼者から、死後、親族や友人への形見分けを依頼されました。形見分けの対象は、ネクタイ、洋服など依頼者が日頃愛用していた物、切手類や絵画・宝石に至るまで、多岐にわたります。依頼者の死後、お世話になった親族や友人にそのまま渡してしまって問題はありませんか。

解　説

1　形見分けとは

　形見分けとは、故人の遺言や遺族の意志で死者が愛用していた遺品を関係の深い親族や友人などに分配することをいいます。故人の愛用品を通して、故人の思い出を分かち合い、贈られた人がその品物を使うことで故人を偲ぶという供養の意味でなされることが多いです。

　形見分けの由来は大変古く、日本独自のものといわれています。死後事務委任契約の履行として形見分けできるか否かは、形見分けの対象となる物の財産的価値の多寡によるところが大きく、比較的低額な場合には委任事項とすることが可能だと考えられます。

2　相続人との関係

　形見分けの対象は動産です。生前、故人が有していた動産は、全て相続財産となり、相続人に相続されます。そして、相続人全員の共有財産となり（民898）、遺産分割の対象となります。

　依頼者から形見分けを内容とする死後事務委任を依頼された場合、その内容が衣類や書籍など、比較的財産的価値が低い物である場合に

は形見分けによって紛争が生じる可能性は低いでしょう。ただし、余計な紛争を回避するという観点から、事前に相続人に対し、依頼者から形見分けの委任を受けていることを説明し、理解を得ておくことが必要です。そして、相続人の遺産分割協議が終了してから行うことが望ましいでしょう。

　また、切手、絵画、宝石など財産的価値のある動産を遺産分割の対象としている場合、遺族との間でトラブルが生じ、形見分けが実現できない可能性もあります。できる限り遺言などで財産を移転させることが望ましいでしょう（ただ、相続人の遺留分侵害の問題は残ります。）。

　また、死後事務委任契約を締結する際には、品物によっては上記のリスクが生じることを説明する必要があります。

　そして、依頼者が死亡した場合、相続により委任者の地位が相続人に承継されるため、死後事務委任契約の解除権を制限する条項を規定しておくことが必要です。

　なお、形見分けに伴う費用や報酬が高額の場合にも、相続人の遺留分の問題が生じるため、気を付ける必要があります。

3　相続人が形見分けの相手方である場合

　形見分けの相手が相続人である場合、相続人が形見分けを受けたことが民法921条の単純承認に該当し、相続放棄の機会を奪うかどうかが問題となります。

　スーツや衣類等の一般的な形見分けを受ける行為は民法921条の単純承認に該当しないとした判例があります（東京高決昭37・7・19東高民時報13・7・117）。

　他方で、新品同様のスーツ、毛皮、コート、靴、絨毯などの遺品を自宅に持ち帰った事例では形見分けを超えるものとして民法921条3号

の「隠匿」と判断しました（東京地判平12・3・21判タ1054・255）。

　形見分けは通常は衣類等、経済的価値の高くない物を想定しているため、単純承認事由に該当しませんが、一定の経済的価値がある場合には、単純承認したことになるケースもあります。

╔══════════╗
║　条　項　例　║
╚══════════╝

┌─────────────────────────────────┐
│（委任事務の範囲）   │
│　第〇条　甲は、乙に対し、甲の死亡後における次の事務を委任す │
│　　る。   │
│　　①　〔省略〕   │
│　　②　甲の指定する者への形見分け   │
│　　③　〔以下略〕   │
└─────────────────────────────────┘

〔ポイント〕

　形見分けは故人の思い出を共有し、故人を偲ぶという古来の習慣のような感覚で捉えられますが、形見分けの品物によっては紛争が生じる可能性があります。勝手に形見分けをせずに、相続人と協議した上で進めた方がよいでしょう。形見分けの対象物を特定した方が望ましいケースでは、別途条項を設けるなどしてこれらを列挙することを検討してください。

ケース19　携帯電話、プロバイダ等の通信関連の解約をしてほしい

依頼者から、依頼者の死後、依頼者が契約している携帯電話、プロバイダ契約の解約を依頼されました。問題はあるでしょうか。

解　説

1　死後事務受任者による解約権限の有無

　依頼者が契約している携帯電話やインターネットプロバイダについて、自分が死亡した後まで維持しておく必要はないので解約したいと希望している場合に、これを死後事務委任の対象として受任者が解約をすることが可能であるかがまず問題となります。

　これについては、携帯電話やプロバイダサービス提供会社（以下「契約会社」といいます。）の定める約款を確認する必要がありますが、契約者本人が死亡している場合、その契約の解約権者は家族、相続人、法定代理人（後見人、補助人、保佐人）などに制限されており、任意代理人資格による解約を認めていない場合が多いようです。

　そのため、依頼者から死後事務委任契約による契約解約を依頼されたとしても、受任者による解約が契約会社により拒否される可能性があります。このような依頼を受けた場合には、まず、該当する契約会社の約款を確認するとともに、受任者による解約ができない場合があること、死後事務委任契約締結時には受任者による解約の余地がある契約会社であっても、その後の約款等の変更により取扱いが変わってしまうリスクがあることを依頼者に説明することが必要です。

　以上のとおり、依頼者死亡後に本人名義の携帯電話契約やプロバイダ契約を受任者が解約することはできない扱いとされている可能性が高く、その場合、受任者としてできるのは、約款所定の解約権者（典型的には相続人）に解約を促すといったこと程度しかありません。本ケースのような依頼は、死後事務委任契約にはなじまないというのが原則となります。

2　例外的処理の余地

　しかし、上記の原則を徹底すると、相続人が存在しない場合や相続人が存在した場合でも遠方に居住しており解約手続の履行が期待できないようなケースでは、依頼者死亡後も、契約が解約されずに継続し、使われてもいないサービスの利用料金が銀行口座から引き落とされ続けることになりかねません。そのような事態を回避するため、自分の死後、第三者に契約解約を依頼し対応してもらいたいという依頼者の意向を約款の定めのため認められていないという理由のみで諦めさせる対応をとることには躊躇を覚えるところがあります。

　そこで、依頼者死亡による契約解約を死後事務委任として対応することについて、依頼者の死後、解約の事務の委任を受けたことを証する書面（委任状等）、代理人自身の身分証明書、依頼者死亡の除籍謄本や依頼者と代理人の関係を証明する書類の提出をもって解約手続を認めてもらうことにつき事前確認を求め、例外的な措置を認めてもらうための要件・必要書類を含めて死後事務委任契約受任前の段階で契約会社と協議、交渉しておく対応が考えられます（なお、この交渉は契約者本人によって行うことになるものと思われます。）。

　ただし、このような交渉に契約会社が応じてくれる保証はなく、当該契約会社が解約権者として認める者に対し解約をするよう依頼する

ことをもって対応せざるを得ず、その協力が得られない場合には、料金不払を原因とする強制解約の流れに委ねざるを得ないこともあり得ます。

　また、このような交渉を受任者が依頼者死亡後に行うことを想定してあえて死後事務委任の対象とすることも考えられないわけではありませんが、交渉がうまくいく保証はありません。依頼者に対してそのようなリスクがあることを十分説明する必要があります。また、受任者の責任問題とならないような条項を設けておく工夫も検討しておくべきでしょう。

　なお、契約者本人以外にも当該契約に基づいて携帯電話サービスやプロバイダサービスを利用している親族等が存在している場合も考えられますので、解約を進める方向で処理するときであっても、これら関係者に不測の影響を与えてトラブルとならないよう、事前の情報収集と必要に応じた関係者への根回しをしておくことが重要と考えられます。

条　項　例

（委任事務の範囲）
　第○条　甲は、乙に対し、甲の死亡後における甲の携帯電話の解
　　約について、次の事務を委任する。
　　①　甲の携帯電話（電話番号○○○−○○○−○○○○その他
　　　一切のもの）の解約
　　②　携帯会社の判断により、乙が甲の代理人として解約するこ
　　　とができない場合、乙は責任を負わない。
　　③　甲の携帯電話の料金の支払がなされず甲の携帯電話が強制
　　　解約となった場合、乙は責任を負わない。

〔ポイント〕

1号で解約の対象となる携帯電話を特定しています。携帯電話は、死後事務委任契約締結後に追加・変更になることもありますので、現在利用している番号に加えて包括的な定めを置く方がよいでしょう。

また、携帯電話の解約は相続人に限る取扱いが一般的ですので、2号に受任者が解約できなかった場合の免責規定を設けました。

1号による解約ができない場合、料金不払による強制解約の流れに委ねざるを得ない場合も考えられます。受任者には相続債務の支払義務はありませんが、延滞したことについて相続人から道義的な面を含めて責任を問われないようにするため、3号に免責規定を記載しています。

ケース20　SNSアカウントを削除してほしい

依頼者から、依頼者の死後、Facebookなど依頼者が登録していたSNSのアカウントの削除を依頼されています。問題はあるでしょうか。

解　説

1　SNSアカウント削除の依頼を受けた際の注意点

（1）　依頼者が生前登録し利用しているSNSアカウントについて、自身の死亡後アカウントの閉鎖・削除を希望することは多いと思われます。Facebook、Twitter、LINEやInstagram等のSNSがインターネットを介して本人と他者との関係構築の場として用いられている関係上、携帯電話やプロバイダ契約の解約（ケース19参照）以上に、依頼者が死亡後の閉鎖や削除を希望する場合が多いと考えられます。では、これを死後事務委任の対象とすることに問題はあるのでしょうか。

（2）　この点についての対応の方法として、各SNSに関する契約を解約により終了させるため、依頼者死亡後の解約を死後事務委任契約の委任事項とする方法が考えられます。

しかし、この方法については、それぞれのSNS提供会社との契約について契約者本人が死亡した場合の契約解約権者に死後事務受任者が含まれるかどうかという問題があります。結局は各サービス提供約款等の定めによることとなり、携帯電話やプロバイダ契約解約の場合と同様に考えることとなるでしょう（ケース19参照）。すなわち、依頼者死亡の場合の解約権者が相続人等に限られており、死後事務委任に基づく受任者による解約はできない場合が多いということになります。SNS提供契約の解約を死後事務委任の対象とすることについては事前

の十分な情報収集と検討が必要である上、基本的には死後事務委任にはなじまず、受任者ができることは相続人など約款が認める解約権者に対応を促すといった対応に限られるのが通常ではないかと考えられます。もちろん、約款や規約で死後事務の受任者も解約権者に含まれているのであれば、解約を委任事務に含めることも十分に検討されてよいといえますが、その後に約款や規約、取扱いが変更されてしまう可能性もありますのでその点のキャッチアップは十分にしておく必要があります。

　なお、SNSの解約に特に問題となるものとして、解約するアカウントの名義と本人とが同一であることの証明があります。すなわちFacebookのアカウントは本名登録が原則として求められており、本名が登録されていることが多いと思われますが、他のSNSの場合は本名登録がなされていないことが一般的であり、アカウント利用者と解約申請者の身分関係の証明に困難を抱える可能性が高いようです。そのため、約款上の解約権者である相続人に解約を委ねる方法をとったとしても、この点で解約が難航するおそれがあります。

2　依頼者からID・パスワードやメールアドレスを聞いて削除する方法

　そこで、事前に依頼者からIDとパスワードやメールアドレス等のアクセス情報を把握しておき、依頼者の死後アカウントにログインしてアカウントを削除する方法をとることが考えられます。ただし、この場合、依頼者のアクセス情報を用いてアカウントに関する処理を行うことになるため、不正アクセス行為の禁止等に関する法律（以下「不正アクセス禁止法」といいます。）との関係を検討する必要があります。

　不正アクセス禁止法は「何人も不正アクセス行為をしてはならない」（不正アクセス3）、「何人も不正アクセス行為の用に供する目的で、アク

セス制御機能に係る他人の識別符号を取得してはならない」(不正アクセス4)、「何人も業務その他正当な理由による場合を除いては、アクセス制御機能に係る他人の識別符号（パスワード等）を、当該アクセス制御機能に係るアクセス管理者及び利用権者以外の者に提供してはならない」(不正アクセス5)と規定し、正当な理由によらずに他人のID・パスワードを取得することや不正アクセスを禁止しています。

　ここでいう不正アクセスは、コンピューターの正規の利用者のIDやパスワードを正規利用者の断りなく取得する行為やアクセス権限のないコンピューターネットワークに侵入したりする行為を指します。

　この点、依頼者から、死後、アカウントを削除してほしいとの事務を依頼され、委任事務遂行のためにID・パスワードを取得した場合には「正当な理由」に基づくものといえます。

　また、依頼者のアカウントへのアクセスは、権限ある本人の依頼に基づくアクセスであるため無断のアクセスではなく、不正なアクセスに該当しません。

　したがって、依頼者の委任に基づく上記のようなアカウント削除は不正アクセス禁止法に違反しないと考えられます。

　そこで、死後事務委任契約に依頼者のID・パスワード利用によるアカウント削除を委任事項として定めておく方法をとる余地があると思われます。

　ただし、不正アクセスであるとの指摘を受けるリスクは否定できませんので、念のため、委任契約書を作成するとともに、別途、依頼者から委任の目的・趣旨を明確にした書面（少なくとも依頼者本人の署名を得ておくべきでしょう。）を得ておくのが無難でしょう。また、依頼者から取得したID・パスワードやメールアドレスは個人情報です。取扱いには注意する必要があります。

　また、死後事務委任契約締結後に、依頼者がパスワード等を変更す

る可能性がありますので、そのような変更があった場合には直ちに依頼者から受任者にその旨知らせる手配をしておくことが重要です。

3　Facebookアカウントの場合

　上記の方法とは別に、Facebookの場合には、本人の生前の意思表明によりアカウントを削除する方法があります。

　すなわち、依頼者において、「追悼アカウント」（利用者が亡くなった後、友人や家族が集い、その人の思い出をシェアする場所）への移行を利用するか、Facebookから完全にアカウントを削除するかを依頼者存命中に選択することができます。

　アカウントを完全に削除しないことを選んだ場合、Facebookが死亡を認識した時点で、追悼アカウントに移行します。この点、追悼アカウントとなった場合は管理人を設定しない限り、ログインや変更ができない状態となります。

　ただし、追悼アカウント管理人を設定した場合には、友達リクエストを承認するなど一定の権限をもって追悼アカウントを管理することが可能とされています。

　場合によっては、この追悼アカウント管理人となることを死後事務委任の委任事項とすることも考えられます。

　他方、アカウント削除を選んだ場合、依頼者が亡くなったことをFacebookが把握した時点で削除されます。

　これらの具体的な設定方法等については該当のウェブページ等を通じて確認しておくとよいでしょう。

条 項 例

（委任事務の範囲）
第○条　甲は、乙に対し、次の事務を委任する。
　①　〔省略〕
　②　SNSのアカウント削除
　③　〔以下略〕
（SNSのアカウント削除）
第○条　乙は、甲の死亡を確認したときは、遅滞なく、次の各号に定めるいずれかの方法により、甲が利用するSNSのアカウントを削除する。
　①　SNSの運営会社に対するアカウントの削除申請をする方法
　②　甲のID、パスワードその他の情報に基づき直接ログインする方法
2　甲は、前項に基づく削除を乙が行うことをあらかじめ承諾する。
3　第1項に基づく削除のため、甲は、乙に対し、SNSのアカウントのID、パスワードその他のログインに必要な情報を別途書面で開示するものとする。
4　前項の開示情報に変更があったときは、甲は、直ちにその旨及び変更後の前項に係る情報を乙に開示するものとする。
5　乙は、前2項に基づき開示を受けた甲の情報を厳重に管理し、事前の甲の書面による承諾がない限り、第三者（甲の相続人を含む。）に開示しないものとする。
6　第1項に基づく方法によりアカウント削除ができなかった場合であっても、乙はその責を負わないものとする。

〔ポイント〕

　依頼者の死後に受任者がSNSのアカウントを削除する方法としては2通り想定されますので、1項各号に列挙しました。死後事務委任契約締結時に依頼者の希望が明確な場合には、どちらか1つの削除方法を規定すれば足りるでしょう。

　現時点では受任者によるSNSのアカウントの削除は一般的に行われているものではなく、アカウントの削除ができない可能性があります。履行不能になった場合に備えて免責規定を設けました。

ケース21　パソコン内のデータを削除してほしい

　　　　　　依頼者から、自分が死んだ後は、使っていたパ
ソコンに保存されているデータを全て削除してほ
しいとの希望を受けました。依頼者の希望をかな
えるために必要な事項について教えてください。また、パソコン
に加えて、スマートフォン等のデータも削除してほしいと希望さ
れた場合はどのようなことに注意すべきでしょうか。

解　説

1　デジタル遺品

　社会の高度情報化、デジタル化が進んだ現在、それぞれが所有する
パーソナルコンピュータ（パソコン）、スマートフォン、タブレット等
（以下「パソコン等」といいます。）には日々膨大な量の情報が記録、
保存されています。その中には、個人の財産に密接に関連する情報（イ
ンターネットバンキング等の各種ID／パスワード等）、プライバシー
に関わる情報や他人には知られたくない情報が含まれています。これ
らのSNS（ソーシャルネットワーキングサービス）のIDやパスワー
ド、知人などの住所、電話番号といった連絡先、スケジュール、ネッ
ト通販の履歴、クレジットカードや銀行取引の履歴及びIDやパスワー
ド等のデータをデジタル遺品と呼ぶことがあります。

　これらのデジタル遺品を削除しないまま、パソコン等を売却、処分
してしまうと、パソコン等を取得した第三者はこれらの情報を抽出す
ることが可能となってしまいます。

　そこで、パソコン等からこれらの重要なデータを確実に削除するた
めには次の方法によることが必要になります。そして、死後事務とし

てこれらの重要情報の削除を受任する場合は、データを削除する対象
となるパソコン等の場所やデジタル遺品のIDやパスワードを事前に
把握しておく等事前の段取りをしていくことが肝要です。

2　データ削除の方法

(1)　電子的削除

　まず、パソコン等のOSやソフトウェアを使って、データ削除するこ
とが考えられます。最終ログインから指定の時間が経過すると自動的
にデータを削除するソフトウェアも公開されているようです。

　しかし、データを削除あるいはフォーマットしただけでは、少々の
知識があればデータを復元できてしまいます。そのため、電子的に完
全に消去する場合はディスク全領域に対して上書処理をすることが必
要です。

　不安な場合はデータの完全消去を請け負う業者に依頼するのがよい
でしょう。

(2)　物理的破壊

　より確実な消去をするためには、記憶装置を破壊することが確実で
す。専門業者に依頼することになりますが、現在はパソコンから記憶
装置（HDD／SSD）を取り外した上で、ドリルで穴を開けるか、大型
のシュレッダーで破砕することが主流のようです。

(3)　スマートフォン、タブレット

　スマートフォンやタブレット端末は小型化されているため、記憶装
置のみを破壊することが難しいです。そのため、端末自体を業者に破
壊処理してもらうことが確実です。

(4)　クラウドデータ

　現在、パソコンやスマートフォンのデータは、本体上のみならず、
クラウドサービスにも保存されていることが多いです（Microsoftの

OneDrive、GoogleのGoogleDrive、AppleのiCloud等）。これらのデータを物理的に破壊することはできないので、クラウドサービス上の削除手続、退会手続といったアカウント削除を行うことになります。

条 項 例

（データ等の削除）

第〇条　甲は、乙に対し、甲の死後、甲の所有していたパソコン、スマートフォン、タブレット等に保存されているデータ（クラウドサービス上のデータを含む。）を削除することを委任する。

2　乙は、前項の削除のために必要となる、上書処理及び物理的破壊措置を専門業者に委ねることができる。

3　甲は、乙に第1項の削除のために必要となるIDやパスワード等を開示する。乙は前項に基づき措置を専門業者に依頼する場合、甲から開示を受けたIDやパスワードを専門業者に開示することができる。

4　削除、破壊等に要する費用は甲の負担とし、甲が乙に預託した預託金から支出する。

〔ポイント〕

　パソコン等の所在、IDやパスワード等の確認（変更されていた場合の措置も）が重要になります。

　また、物理的破壊等は受任者が独力で行うのは難しいので、業者を利用することの許諾やそのための費用の預託についても記載する必要があります。

ケース22　謝礼の支払をしてほしい

 依頼者から、自分が死んだ後は、お世話になった医師に謝礼をお支払いしてほしいとの希望がありました。依頼者の希望をかなえるために必要な事項について教えてください。

| 解　説 |

　謝礼の支払は、相手方に対し、対価なく金銭を交付することを意味しますので、遺言事項の遺贈に該当するとも考えられそうです。しかし、判例（最判平4・9・22金法1358・55）は遺贈との法的構成を採らず「委任者の死後、家政婦及び友人に対し応分の謝礼金を支払うことを委任する契約」を有効と判断しました。本ケースにおける医師への謝礼と家政婦等への謝礼は同視できるといえるので、この判例に基づき、医師に謝礼を支払うことは死後事務委任の対象となり得ると考えられます。死後事務委任契約による謝礼の支払と遺言事項である遺贈の区別は理論的には解明されていない点もあり、今後の実務や裁判例の積み重ねが待たれます。実務的な解決としては、謝礼の金額を遺留分の潜脱といわれないような金額の設定とするのが安全だと考えられます。

　一方で、医療機関によっては、医師が患者からの謝礼を受け取ることを一律に禁止するところもあり、日本医師会も「医師の職業倫理方針〔第3版〕」22頁において「患者から謝礼を受け取ることは、その見返りとして意識的か否かを問わず何らかの医療上の便宜が図られるのではないかという期待を抱かせ、さらにこれが慣習化すれば結果として医療全体に対する国民の信頼を損なうことになるので、医療人として慎むべきである。」としています。

　死後事務として受任する場合は、①相談者に対して医師が謝礼を辞退する可能性があること、及び②謝礼の受領を辞退された場合には履行不能となり、その金銭は、相続人に返還することになると説明すべきでしょう。

条項例

> （謝礼等の支払）
> 第○条　甲は、乙に対し、甲の死亡後、次の者に対し謝礼として各金員を支払うことを委任する。
> ①　丙（医師）　金○万円
> ②　丁　金○万円
> ③　〔以下略〕
> 2　前項記載の各謝礼は、本契約書第○条に基づき甲が乙に対して預託した金員から支出するものとする。

〔ポイント〕
　謝礼を支払う相手及び謝礼の額を記載する必要があります。謝礼の額については、各人ごとの額を記載する方法、個別の額を記載せず謝礼の合計額を記載する方法、あるいは具体的な額を記載しない方法があります。

ケース23　郵便物・宅配便を受領してほしい

　　依頼者から、自分が死んだ後は、依頼者宛の郵便物や宅配便を代わって受け取ってほしいとの希望を受けました。依頼者の希望をかなえるために必要な事項について教えてください。

解　説

1　郵便物の転送はできない

　郵便法40条は「受取人に交付することができない郵便物は、これを差出人に還付する。」と定めており、郵便局は、受取人の死亡の事実を知った場合、この条文を根拠に、被相続人の法定相続人であっても、転送や交付を拒絶する運用をしています（郵便局HP「死亡した受取人あての郵便物等を家族に転送してもらえますか？」https://www.post.japanpost.jp/question/107.html（2021.1.22））。

　したがって、郵便物を受任者の住所等に転送することはできません。そのため、依頼者が一人暮らしをしていた場合は受任者が依頼者の自宅に届く郵便物を回収することになりますが、書留郵便等の受け取りは困難です。郵便局に不在票を持参して受け取る場合、郵便局において受取人の本人確認書類の提示を求められます。そのため、依頼者に同居者がおり、かつその同居者に知られないように郵便物を受け取るのは困難です。

2　宅配便の場合

　一部の業者によっては、転送サービスを実施しているので、転送先を受任者の住所とすることで受け取ることができるようです。ただし業者によっては、手続後の荷物について一括して転送するサービスは

なく、荷物ごとにその都度転送の手続をする必要があるようです。

　また、インターネットで確認可能な大手各業者の約款上、受取人が死亡した場合の扱いについて記載は見当たりませんが、郵便と同様に、転送を認めず、差出人に返送される可能性があります。

　仮に引き受ける場合であっても、期限は定めるべきですし、差出人に死亡の事実を伝えることの了解を依頼者からとるべきでしょう。

条 項 例

（荷物の受領）

第○条　甲は、乙に対し、甲の死亡後、甲宛の荷物（ただし甲を受取人とする郵便物を除く。）の受領を委任する。

2　甲は、乙が前項の委任事務のため、甲の死亡後、各宅配便業者に対し甲宛の荷物について転送を依頼することに同意する。

〔ポイント〕

　郵便物の代理受領、転送はできませんので、委任事務に含まないよう、条項において除外規定を認める必要があります。

ケース24　団体や会員サービスの退会手続をしてほしい

 　　　依頼者から、自分が死んだ後は、依頼者が参加している団体などからの退会手続をしてほしいとの要望を受けました。依頼者の希望をかなえるために必要な事項について教えてください。

解　説

1　多様な団体や会員サービス

　現代社会においては、誰しも何らかの団体やサービスに入会、所属していると思います。航空会社のマイレージプログラム会員であったり、レンタル店の会員であったり、マイクロソフトのOfficeをはじめとするサブスクリプション（サブスク）サービス、インターネット通信販売、家電量販店のポイント会員、あるいは同窓会や地域の互助団体であったりと多種多様なサービスや団体があります。

　依頼者が死亡しても、これらのサービス提供者や団体は、当然にはその事実を知りません。そのため、年会費の負担があるサービス等では、依頼者が死亡した後速やかに退会手続をしないとそれらの年会費が発生する可能性もあります。

2　退会手続

　では、どうすれば退会手続をすることができるのでしょうか。多くの場合、団体やサービスの会員規約等において、親族若しくはそれに準ずる者による退会届出が規定されています。

　そのため、委任事項として、依頼者の死亡後、団体等の退会手続を委任する旨を記載することがよさそうです。

　依頼者がどの団体に入会、所属しているかについては契約に際して依頼者から聞き取り、可能であれば委任契約書中に記載するとよいでしょう。

　実際に退会手続を行う際は、依頼者の住所、生年月日、会員番号等の確認を受けることがあると考えられますので、これの情報を事前に入手しておくべきです。依頼者にリストを作成するように依頼するのが確実です。

3　未払の年会費等

　有料の会員サービスの場合、依頼者の死亡時に年会費等の費用が未払になっている可能性があります。未払の年会費等の費用は依頼者の生前の債務であり、これを精算するものですから、受任者がこれを支払うことができるものと考えられます。未払の年会費等の費用が発生しているかは事前に把握することが難しいと思われますので、未払があった場合には、受任者が預託を受けた金員から支払う旨を記載する必要があると考えられます。

4　付随する財産的価値がある場合

　各会員サービスにおいて、ポイントやマイル等の財産的な価値が付帯することがあります。多くの場合、会員の死亡によってポイントが失効するようです。ただし、例外的に航空会社のマイルや、キャッシュレス決済の残高は相続人が承継することができるようです（各航空会社及びキャッシュレス決済会社によって規定が異なるので直接確認してください。）。

　なお、ソーシャルネットワーキングサービス（SNS）のアカウント削除手続についてはケース20を参照してください。

条項例

（退会申請等）

第○条　甲は、乙に対し、甲の死亡後、甲が死亡した時点で会員
　　となっている次の各号の団体、会員サービスの退会手続（各種
　　届出、申請、書類・通知の受領等の一切をいう。）を委任する。
　　①　〔省略〕
　　②　甲からあらかじめ指定を受けたその他一切の団体、会員サ
　　　ービス
　　③　〔以下略〕
　2　前項の退会手続において、甲の年会費の滞納等未払金の発生
　　が明らかとなった場合、乙は第○条で甲より預託を受けた金銭
　　の範囲で、これらの未払金を支払うことができる。

〔ポイント〕

1　受任者の義務の範囲を明確にするために、可能な限り、解約すべき
　団体、会員サービスを明記する方が望ましいでしょう。ただし、契約
　締結後に加入する団体、会員サービス等もあり得るので、その場合は、
　依頼者からの書面による指定を別に受けた方が安全です。

2　依頼者の希望によっては、受任者の支払義務を明確にするとよい
　でしょう（「・・・支払うものとする。」など）。ただし、この場合は、
　預託金不足が生じた場合に支払義務が解除されるよう条項を工夫し
　てください。

索　引

188

事 項 索 引

死後事務委任契約　実務マニュアル
－Ｑ＆Ａとケース・スタディー

令和３年３月２日　初版一刷発行
令和４年３月24日　　　五刷発行

編　集　東京弁護士会
　　　　法　友　会
発行者　新日本法規出版株式会社
　　　　代表者　星　謙一郎

発行所　新日本法規出版株式会社

本　　社　（460-8455）名古屋市中区栄１－23－20
総轄本部　　　　　　　電話　代表　052(211)1525
東京本社　（162-8407）東京都新宿区市谷砂土原町２－６
　　　　　　　　　　　電話　代表　03(3269)2220
支　　社　札幌・仙台・東京・関東・名古屋・大阪・広島
　　　　　高松・福岡
ホームページ　https://www.sn-hoki.co.jp/